COMMENT DOMINER LE STRESS ET LES SOUCIS

Prenez la vie du bon côté

Édition mise à jour de :
TRIOMPHEZ DE VOS SOUCIS

DU MÊME AUTEUR

aux Éditions Hachette pratique
et dans Le Livre de Poche :

COMMENT SE FAIRE DES AMIS

COMMENT PARLER EN PUBLIC

COMMENT TROUVER LE LEADER EN VOUS

DALE CARNEGIE

COMMENT DOMINER LE STRESS ET LES SOUCIS

Prenez la vie du bon côté !

Nouvelle édition
établie par Dorothy Carnegie

FLAMMARION

Entraînements Dale Carnegie®

Siège international pour 80 pays :

290 Motor Parkway
Hauppauge NY 117888
USA
www.dalecarnegie.com

ISBN : 978-2-0806-8710-4

SOMMAIRE

TROISIÈME PARTIE

COMMENT BRISER LE STRESS AVANT QU'IL NE VOUS BRISE

QUATRIÈME PARTIE

SEPT MOYENS DE VOUS FORGER UNE TOURNURE D'ESPRIT QUI APPORTE PAIX ET BONHEUR

CINQUIÈME PARTIE

LE MOYEN IDÉAL DE VAINCRE LES SOUCIS

SIXIÈME PARTIE

COMMENT GARDER VOTRE SÉRÉNITÉ MALGRÉ LES CRITIQUES

SEPTIÈME PARTIE

SIX MOYENS D'ÉVITER LA FATIGUE ET LE STRESS, DE GARDER ÉNERGIE ET EFFICACITÉ

INTRODUCTION

POURQUOI ET COMMENT J'AI ÉCRIT CE LIVRE

Il y a une trentaine d'années, j'étais l'un des hommes les plus malheureux de New York. Je gagnais ma vie en vendant des camions. Je n'avais pas la moindre idée de ce qui pouvait bien se passer dans un moteur, et, d'ailleurs, je ne tenais pas à le savoir. Je n'aimais pas du tout mon travail. Je détestais ma petite chambre triste et sombre, dans la 56ᵉ Rue. Je me souviens encore des cafards qui se cachaient derrière mes cravates suspendues à un crochet sur le mur. Prenant mes repas dans des restaurants minables, eux aussi infestés de cafards, je méprisais ma condition.

Chaque soir, en rentrant dans ma mansarde, je souffrais de migraines manifestement causées par ces sentiments de frustration et d'angoisse. J'étais révolté parce que les rêves que j'avais nourris autrefois, au collège, s'étaient transformés en cauchemars. Etait-ce donc cela, la vie? Etait-ce vraiment cela, l'aventure passionnante que j'avais attendue avec impatience? Ce travail fastidieux, cette existence pénible : était-ce là tout ce que la vie me réservait, sans autre perspective?

Je voulais vraiment du temps pour lire, et surtout pour écrire des ouvrages auxquels je pensais depuis l'université. Je n'avais rien à perdre. Ce n'était pas la fortune que je recherchais mais une vie passionnante. Bref, je sentais que j'étais à la croisée des chemins, à cet instant décisif auquel arrivent la plupart des jeunes qui veulent choisir leur voie.

Je pris donc une résolution, qui transforma complètement mon existence. Depuis, ma vie est plus heureuse et mieux remplie que je n'avais jamais osé l'espérer. Voici ce que fut cette décision : quitter mon emploi pour me lancer dans la formation d'adultes. De cette façon, je disposerais de mes journées pour lire, préparer des conférences, écrire des nouvelles et peut-être même des romans. C'était là mon but : vivre pour écrire et écrire pour vivre.

Que pouvais-je bien enseigner à des adultes? En considérant ce que j'avais étudié, je m'aperçus que l'apprentissage de la parole en public m'avait été plus utile que tout le reste de mes études. Pourquoi ? Parce que savoir parler en public avait fait disparaître mon manque de confiance et m'avait donné l'assurance nécessaire pour m'adresser facilement à des inconnus. De plus, j'ai vite compris que les responsabilités sont le plus souvent confiées aux personnes capables de se lever et d'exprimer clairement leurs pensées.

Je sollicitai donc un poste de professeur de prise de parole en public aux Universités de Columbia et de New York. Malheureusement, ces messieurs estimèrent qu'ils pouvaient fort bien se passer de mes services! Je fus très déçu.

Mais ce refus s'avéra salutaire : je me mis tout de suite à organiser des stages, seul, de façon indépendante. Je devais obtenir rapidement des résultats pratiques et tangibles. Les stagiaires ne venaient pas pour décrocher des diplômes universitaires ou gagner un vague prestige social. Ils attendaient un « training » et des solutions à leurs préoccupations quotidiennes. Les cadres et dirigeants voulaient apprendre à s'exprimer de façon claire, nette et affirmée dans les réunions professionnelles. Les commerciaux souhaitaient pouvoir se présenter et argumenter avec conviction, même chez un client difficile.

Les divers participants désiraient tirer un meilleur parti de leur personnalité, augmenter leurs responsabilités, accélérer leur réussite. Et comme ils payaient à chaque séance, ils auraient bien entendu cessé de venir si mon entraînement ne leur apportait rien. Il me fallait donc obtenir rapidement des résultats concrets et manifestes si je voulais gagner ma vie.

Au début, j'eus l'impression de travailler dans des conditions très difficiles, mais à présent, je me rends compte que je recevais, en réalité, une stimulation exceptionnelle. J'étais forcé d'illustrer par des exemples pratiques tout ce que je disais à mes participants. Je devais les aider à atteindre leurs objectifs, résoudre les difficultés qu'ils rencontraient et rendre chaque séance tellement intéressante que l'idée d'abandonner ne puisse même pas les effleurer.

Ce fut passionnant. Dès le premier jour, je me sentis emballé par ce travail. Avec une rapidité surprenante, ces hommes d'affaires, cadres, ingénieurs et commerciaux prenaient de l'assurance, s'exprimaient avec plus de conviction, développaient leurs affaires, augmentaient leurs résultats. Cette réussite dépassa tous mes espoirs. D'abord, je crus pouvoir me limiter à la prise de parole en public, mais, bientôt, **je me rendis compte d'un besoin immense : celui de mieux dominer le stress et les soucis.**

J'entrepris des recherches dans la plus grande bibliothèque de New York. A ma surprise, je ne pus trouver sur « Stress », « Soucis » et « Tracas » que vingt-cinq ouvrages, alors que sous le seul titre « Tortue » figuraient cent quatre-dix-dix livres! Voilà qui était extraordinaire, surtout quand on considère que le stress est un trait marquant de ce siècle. De toute évidence, bien plus que notre équilibre, la tortue passionne les savants. Résultat? D'innombrables lits d'hôpitaux sont occupés par des malades souffrant de troubles psychosomatiques.

Comme aucun des vingt-cinq ouvrages ne pouvait servir de manuel à mes stages, je décidai d'écrire moi-même un livre sur la lutte contre cet ennemi de notre système nerveux. Je me suis attelé à cette tâche en commençant par étudier tout ce que les philosophes, de l'Antiquité à nos jours, ont écrit à ce sujet. J'ai lu également des centaines de biographies, de Confucius à Churchill. J'ai interviewé des dizaines de personnalités célèbres, telles que les généraux Bradley et Clark, Henry Ford, Mrs. Eleanor Roosevelt, le champion du monde de boxe Jack Dempsey...

Finalement, j'ai interrogé des gens comme vous et moi. Non pas un vague « Mr. Jones » ou « une certaine Mrs. Smith » que personne ne pourra identifier, mais des êtres en chair et en os qu'un lecteur sceptique pourra toujours retrouver. Mon livre est ainsi illustré de faits authentiques et contrôlables.

« La Science, a dit Paul Valéry, est une collection de recettes éprouvées. » Cet ouvrage n'est pas autre chose : une collection d'expériences vécues pour mieux dominer le stress et les soucis. Vous y trouverez un grand nombre de ces **préceptes de sagesse que beaucoup connaissent et que presque personne n'applique.**

En écrivant ce livre, je me propose de rappeler et mettre en valeur certaines vérités essentielles, de les graver dans votre esprit pour vous motiver à les appliquer.

Dale CARNEGIE

PREMIÈRE PARTIE

PRINCIPES FONDAMENTAUX POUR MIEUX DOMINER LE STRESS ET LES SOUCIS

CHAPITRE 1

COMMENT COMPARTIMENTER VOTRE VIE

Au printemps 1871, un jeune homme trouva dans un livre une phrase qui influença profondément sa vie. Il était étudiant en médecine à l'hôpital général de Montréal, et son existence était littéralement empoisonnée par le stress qui le poursuivait : la crainte d'échouer à ses examens, le choix de la localité où il allait s'établir, la difficulté de se faire une clientèle, le souci du quotidien. Or, une phrase lue par hasard allait l'aider à devenir le médecin le plus célèbre de sa génération. Fondateur d'une école de médecine de réputation universelle, l'institut John Hopkins, il fut nommé doyen de la faculté d'Oxford, la plus haute dignité à laquelle un disciple d'Esculape puisse accéder.

C'était Sir William Osler. La phrase qu'il avait lue était de l'écrivain écossais Thomas Carlyle. Elle indique un moyen remarquable pour mener une vie protégée du stress et des soucis : **« L'important n'est pas de voir ce qui se profile confusément au loin, mais de faire ce qui est nettement à portée de main. »**
Quarante-deux ans plus tard, par une belle nuit d'été, ce même homme, William Osler, s'adressant aux étudiants de l'Université de Yale, fit un aveu étonnant : « On estime généralement, expliqua-t-il, qu'un homme comme moi, écrivain et titulaire de quatre chaires universitaires, possède nécessairement une intelligence supérieure. C'est totalement faux! Mes proches le savent parfaitement... »
Quel était alors le secret de sa brillante carrière? Sir Osler déclara qu'il la devait essentiellement à ce qu'il appelait *l'habitude de cloisonner son existence en compartiments*

étanches. Que voulait-il dire par là? Quelques mois avant cette conférence à Yale, le célèbre médecin avait traversé l'Atlantique sur un grand paquebot. Le capitaine, sur sa passerelle, pouvait, d'une simple pression sur telle ou telle commande, mettre en œuvre un dispositif qui cloisonnait les différentes parties du bâtiment, transformant chacune d'elles en un compartiment parfaitement étanche.

« Eh bien, poursuivit Sir Osler, chacun d'entre vous constitue un ensemble infiniment plus complexe, plus merveilleusement organisé que ce grand paquebot et chacun d'entre vous va entreprendre un voyage beaucoup plus long que le trajet Europe-Amérique. Je vous recommande donc avec insistance d'apprendre à contrôler votre esprit de manière à pouvoir diviser votre existence en compartiments étanches. C'est le moyen le plus sûr de garantir votre sécurité durant votre parcours. Montez sur la passerelle, et vérifiez le fonctionnement des cloisons principales. Actionnez une commande et écoutez, à chaque étape de votre vie, les portes de fer se refermer sur le passé, cet " hier " qui est éteint et qui doit le rester. Actionnez une autre commande et barricadez le chemin du futur! Alors vous serez en sécurité aujourd'hui!

« Le fardeau de demain, plus celui de la veille, portés aujourd'hui, forment un poids tel qu'il fera fléchir le plus fort. Bloquez l'avenir aussi sûrement que le passé. L'avenir c'est aujourd'hui. Le jour de votre salut est celui que vous vivez en ce moment. Le gaspillage des forces, le stress qui ronge les nerfs sont autant d'obstacles qui feront trébucher l'homme inquiet du lendemain. En résumé, fermez bien les cloisons avant et arrière, et imposez-vous la discipline de vivre en " compartiments étanches ". »

Le Dr Osler voulait-il dire que nous ne devrions faire aucun effort pour nous préparer au lendemain? Certainement pas. Il expliqua, dans la suite de son discours, que la meilleure façon de se préparer aux échéances du lendemain, c'est précisément de consacrer au travail du jour toute l'intelligence et tout l'enthousiasme dont on dispose, afin de l'accomplir au mieux. Bien sûr, il faut penser au lendemain, élaborer soigneusement ses projets et prendre les mesures nécessaires à leur exécution. Evitez seulement de vivre dans l'appréhension de demain.

Pendant la guerre, nos chefs militaires prévoyaient les mouvements et les actions des jours et des semaines à venir, mais ils ne pouvaient se permettre le « luxe » d'être angoissés. « J'ai fourni à nos soldats le meilleur équipement dont je dispose, déclara l'amiral Ernest J. King, commandant en chef de la flotte américaine, et je leur ai assigné les missions qui me paraissent les plus indiquées. Je ne puis rien faire d'autre. Si un bateau a été coulé, il n'est pas en mon pouvoir de le renflouer. Et même s'il est seulement sur le point de couler, il m'est impossible de l'en empêcher. J'utilise beaucoup mieux mon temps à anticiper les problèmes du lendemain, qu'en me rongeant les sangs sur ceux d'hier. D'ailleurs, si je laissais ces choses-là m'accaparer, je ne tiendrais pas le coup très longtemps. »

Que ce soit en période de guerre ou de paix, voici la différence principale entre un effort mental efficace et un effort stérile : le premier est fondé sur des causes réelles, dont les effets sont étudiés pour aboutir à un plan logique; le second vient souvent d'une tension nerveuse contre-productive.

J'ai eu récemment le plaisir d'interviewer Arthur Hays Sulzberger, l'éditeur d'un des journaux les plus célèbres au monde, le *New York Times*. Mr. Sulzberger m'a raconté qu'au moment où la dernière guerre déferla sur l'Europe, il était tellement angoissé, tellement choqué qu'il n'arrivait presque plus à trouver le sommeil. Souvent, il se levait au milieu de la nuit et s'installait avec une toile et quelques tubes de couleurs devant une glace pour faire son propre portrait. Il n'avait aucune notion de peinture, mais il s'obstinait, à seule fin d'oublier son angoisse. Il n'arriva cependant à contrôler son stress et à retrouver sa sérénité que le jour où il adopta comme devise ce verset d'un vieux cantique :

Conduis-moi, ô lumière céleste,
Guide-moi toujours sur le chemin.
Un seul pas à la fois me suffit,
Je n'ai pas à tout voir au lointain.

A la même époque en Europe, un jeune homme en uniforme apprenait une leçon similaire. Ted Bengermino, de

Baltimore, s'était tellement angoissé qu'il avait fini par devenir un « magnifique cas » de dépression nerveuse. « En avril 1945, écrit-il dans sa lettre, les inquiétudes et les appréhensions qui me rongeaient continuellement m'avaient donné des spasmes extrêmement douloureux. Il est certain que, si la guerre avait duré quelques mois de plus, je me serais complètement effondré. J'avais atteint les dernières limites de l'épuisement physique et nerveux. J'étais alors sous-officier à la 94e division d'infanterie. Je tenais à jour les listes de tous les hommes tués au combat, portés disparus ou hospitalisés. Je devais également aider à l'exhumation des corps des soldats aussi bien alliés qu'ennemis qui, durant la bataille, avaient été enterrés hâtivement. De plus, j'étais chargé de rassembler les effets personnels de ces morts et de les faire envoyer à leurs proches. Or, j'étais constamment hanté par la crainte de commettre des erreurs fâcheuses. Je me demandais si j'allais en sortir, rentrer vivant et pouvoir tenir dans mes bras mon fils de seize mois que je n'avais encore jamais vu. J'étais si stressé que j'avais perdu dix-sept kilos. Je vivais dans un tel état de panique que j'en devenais presque fou. Mes mains étaient décharnées, je n'avais plus que la peau sur les os. Fréquemment j'étais pris de crises de sanglots. Après la dernière offensive allemande, la percée du front des Ardennes, j'avais presque abandonné l'espoir de retrouver l'équilibre.

« Finalement, j'échouai dans un hôpital militaire. Et ce fut un médecin-major qui me sauva par un simple conseil. Après m'avoir examiné à fond, il m'expliqua que tous mes maux étaient d'origine nerveuse. " Ted, me dit-il, je voudrais que vous considériez votre vie comme un sablier. La partie supérieure contient des milliers de grains de sable, qui, tous, passent, l'un après l'autre, lentement et régulièrement, par l'étroit goulot du milieu. Quoi que nous fassions, nous ne pouvons faire passer plus d'un grain à la fois, à moins de briser l'appareil. Vous, moi, tout le monde nous ressemblons à un sablier. Chaque matin, au lever, nous avons l'impression que nous devons mener à bonne fin dans la journée des centaines de tâches différentes. Mais si nous ne les abordons pas séparément, l'une après l'autre, régulièrement, nous finirons inévitablement par ruiner notre mécanisme physique et nerveux. "

« Depuis que cet homme m'a proposé cette ligne de conduite, je ne m'en suis jamais écarté. Un grain de sable à la fois, une tâche à la fois. Ce principe m'a aidé au point de vue physique aussi bien que nerveux, pendant les derniers mois de la guerre, et il m'est aujourd'hui d'un secours précieux dans mon poste de directeur du marketing. Les mêmes problèmes se posent dans les affaires : de nombreux dossiers à traiter en très peu de temps. Nous sommes à court de marchandises, nous devons remplir de nouveaux formulaires, actualiser les fichiers, nous tenir au courant des créations de produits ou des liquidations d'entreprises, etc. Mais au lieu de m'énerver, je me rappelle constamment la devise du major : " Un grain de sable à la fois, une tâche à la fois. " En me répétant ces paroles plusieurs fois par jour, je fournis un travail plus efficace qu'auparavant, sans éprouver cette sensation de confusion et d'égarement qui, durant la guerre, m'avait presque démoli. »

Il est triste de voir nos hôpitaux soigner tant de malades souffrant de troubles mentaux ou nerveux : des hommes et des femmes qui se sont effondrés sous le poids des soucis de la veille et des angoisses du lendemain. Pourtant, la plupart pourraient aujourd'hui jouir d'une excellente santé et mener une vie non stressée s'ils avaient observé les mots de Jésus : « **Ne vous souciez pas du lendemain** » ou ceux de Sir William Osler : « **Divisez votre vie en compartiments étanches.** »

Vous et moi, nous nous trouvons, en ce moment même, au point de rencontre de deux éternités : l'immense passé qui dure depuis le commencement des âges, et l'avenir qui part de la dernière syllabe que nous prononçons. Or, il nous est impossible de vivre dans l'une ou dans l'autre de ces éternités, ne serait-ce qu'une fraction de seconde. Contentons-nous donc du laps de temps qui nous est accordé du lever au coucher. Robert Louis Stevenson a écrit : « Chacun d'entre nous peut porter son fardeau, aussi lourd soit-il, jusqu'au soir. Chacun peut s'acquitter de son travail, si difficile soit-il, durant une journée. Nous sommes tous en mesure de mener une existence sereine et pleine d'amour jusqu'au coucher du soleil. Et en réalité, vivre, c'est vraiment cela. »

Eh oui, c'est là ce que la vie nous offre. Mais une de mes correspondantes, Mrs. E. K. Shields, de Saginaw, dans le

Michigan, en était arrivée au désespoir, elle songeait même au suicide, avant d'avoir appris à vivre dans le présent.

« En 1937, je perdis mon mari, me raconta-t-elle. J'étais terriblement déprimée, et quasiment sans ressources. Je m'adressai à mon ancien patron et j'eus la chance de retrouver l'emploi que j'avais occupé avant mon mariage, où, comme adolescente, j'avais gagné ma vie en vendant des encyclopédies aux écoles des petites villes. Deux ans plus tôt, lorsque mon mari tomba malade, j'avais dû vendre ma voiture; je réussis cependant, en raclant les fonds de tiroirs, à réunir une somme suffisante pour l'achat d'une voiture d'occasion, et je pus ainsi recommencer à vendre mes encyclopédies. J'avais espéré qu'en reprenant la route, j'allais plus facilement surmonter mon chagrin. Mais je dus bientôt me rendre compte que cette activité, seule dans ma voiture, seule au restaurant, était au-dessus de mes forces. Au printemps 1938, je travaillais aux environs de Versailles dans le Missouri. Les écoles que je visitais étaient pauvres, les routes mauvaises; je me sentais si découragée qu'à un moment, j'ai envisagé le suicide. J'avais l'impression que je ne pouvais pas réussir. D'ailleurs, pourquoi aurais-je continué à mener cette existence? Chaque matin, je redoutais le moment où j'allais affronter à nouveau une journée entière. J'avais peur.

Puis, un jour, je lus un article qui me donna le courage de continuer. Jusqu'à la fin de mes jours, je garderai une profonde reconnaissance à l'auteur de cette petite phrase qui fut pour moi une lueur dans les ténèbres. **“ Pour le sage, chaque jour est une nouvelle vie. ”** J'ai tapé cette phrase à la machine et je l'ai collée sur le pare-brise. Et je découvris qu'après tout l'existence n'était pas si dure, du moment qu'on vivait seulement une journée à la fois. J'appris à oublier la veille et à ne pas penser au lendemain. Chaque matin, je me disais : aujourd'hui commence une nouvelle vie. Ainsi, j'ai réussi à surmonter ma crainte de la solitude et des difficultés financières. Aujourd'hui, je suis heureuse, mes affaires marchent assez bien, et j'aime passionnément la vie. Je suis absolument persuadée que je n'ai plus aucune raison de redouter l'avenir. J'ai appris à vivre une seule journée à la fois, suivant la devise : “ Pour le sage, chaque jour est une nouvelle vie. ”

Qui, à votre avis, a écrit :

Bienheureux est celui qui possède le jour,
Qui, sûr de lui, peut dire :
Que m'importe demain, même si je dois mourir,
Aujourd'hui j'ai vécu, à fond et sans détour.

On croirait lire une poésie moderne, n'est-ce pas? Et pourtant, ces lignes sont traduites d'Horace, ce poète romain qui les écrivit trente ans avant Jésus-Christ. La nature humaine tend à repousser la réalité. Nous rêvons de quelque jardin enchanté, situé loin au-delà de l'horizon, au lieu de nous réjouir des roses qui fleurissent aujourd'hui devant nos fenêtres. Pourquoi cette inconscience?

Stephen Leacock a écrit : « Quelle étrange petite procession que notre vie! L'enfant dit : quand je serai grand. Le grand garçon dit : quand je serai un homme. Devenu homme, il dit : quand je serai marié. Puis, son idée devient : quand je prendrai ma retraite. Et lorsqu'il a pris sa retraite, il regarde en arrière et dit : quand j'étais jeune... Un vent glacial semble balayer le paysage morne de sa vie; il est passé à côté de tant de choses et à présent, il ne lui reste rien. Trop tard, nous apprenons que vivre, c'est nous investir dans chaque journée et chaque heure. »

Un autre de mes correspondants, Edward Evans de Detroit, avait failli mourir d'anxiété avant de comprendre cette vérité. Enfant d'une famille pauvre, Evans débuta comme vendeur de journaux, puis devint commis dans une épicerie. Un peu plus tard, unique soutien d'une famille de sept personnes, il trouva une place de bibliothécaire adjoint. Malgré la modicité de son salaire, il n'avait pas le courage de quitter cet emploi pour en chercher un autre. Ce ne fut qu'au bout de huit ans qu'il trouva l'énergie nécessaire pour s'établir à son compte. Il créa une entreprise qui, bientôt, lui rapporta vingt mille dollars par an. Puis il eut un coup dur. Il avalisa une grosse traite émise par un de ses amis, et l'ami fit faillite. Après ce premier désastre, la banque à laquelle il avait confié tout son avoir fit banqueroute à son tour. Non seulement avait-il perdu jusqu'à son dernier cent, mais ses dettes se montaient à seize mille dollars. C'en fut trop pour ses nerfs : « Je ne pouvais plus ni manger ni dormir, me raconta-t-il. Je souffrais d'une maladie bizarre, provoquée *uniquement par le stress.* Un jour, j'eus une syncope et m'écroulai sur le trottoir. A partir de ce moment, je fus incapable de marcher et dus alors garder le lit; bientôt, tout mon corps se couvrit d'eczéma. Je m'affaiblissais chaque jour. Finalement, le docteur m'annonça que je n'avais plus que deux semaines à vivre. Je fus pétrifié. Après avoir rédigé mon testament, je retombai sur mon oreiller, attendant la fin. Désormais, il était inutile pour moi de continuer à me battre. J'abandonnai la lutte, je me détendis, et je finis par m'endormir.

« Depuis des semaines, je n'avais pu dormir deux heures d'affilée; mais la certitude d'être au bout du rouleau me procura un sommeil d'enfant. Mon épuisement s'atténua, mon appétit revint, et je repris du poids. Quelques semaines plus tard, je fus capable de marcher avec des béquilles. Encore deux mois, et je repris le travail. Auparavant, je gagnais vingt mille dollars par an; à présent, j'étais heureux de trouver un emploi à trente dollars par semaine, comme vendeur de cales pour bloquer les roues des voitures expédiées par bateau. La dure leçon de ma maladie n'était pas perdue pour moi : plus de soucis au sujet de ce que j'avais fait ou omis de faire, plus de crainte du lendemain. Je consacrais mon énergie, mon temps et mon enthousiasme à commercialiser ces cales. »

Edward Evans fit alors une carrière fulgurante. Au bout de quelques années, il fut nommé président du conseil d'administration de la société, qui devint la Société des Produits Evans, cotée à la Bourse de New York. Si, un jour, vous survolez le Groenland, vous atterrirez peut-être à Evans Field – un champ d'aviation ainsi nommé en son honneur. Jamais, Edward Evans n'aurait connu cette réussite s'il n'avait appris à cloisonner son existence en compartiments étanches.

L'écrivain John Ruskin gardait sur son bureau une pierre toute simple sur laquelle était gravé un seul mot : AUJOURD'HUI. Je n'ai pas d'objet de ce genre mais j'ai fixé sur le miroir de ma salle de bains un texte que Sir William Osler gardait quant à lui sur son secrétaire :

SALUT A L'AURORE

Vois ce jour. Il est la vie.
L'essence même de la vie.
Dans sa course brève sont encloses
Toutes les réalités de l'existence.
La joie de progresser,
Le bonheur d'agir,
La splendeur d'accomplir.
Déjà hier n'est plus qu'un rêve.
Demain n'est encore qu'une vision.
Mais cette journée bien vécue
Fait de tous tes hiers un rêve de bonheur
Et de tous tes demains promesse d'espérance.
Un nouveau jour commence,
Accueille-le joyeusement!
Tel est le salut à l'aurore.

Kalidasa
Poète indien

Appliquez-vous cette philosophie? Pour vous y aider, prenez le temps de vous poser les questions suivantes et de noter vos réponses :
– Ai-je tendance à oublier le présent en me souciant de l'avenir, ou en rêvant à quelque jardin enchanté?
– M'arrive-t-il de gâcher le présent en regrettant le passé?
– Suis-je bien décidé, chaque matin, à vivre ce jour, à utiliser au maximum la journée qui commence?
– Pourrais-je profiter davantage de l'existence en la divisant en *compartiments étanches*?
– Quand vais-je commencer? La semaine prochaine? Demain?... *Aujourd'hui?*

Principe n° 1
Vivez un jour à la fois.

CHAPITRE 2

UNE FORMULE UTILE POUR GÉRER LES SITUATIONS STRESSANTES

Aimeriez-vous connaître une façon rapide, sûre, pour remédier à une situation stressante, une méthode que vous pourriez mettre en œuvre à l'instant, avant même d'avoir achevé la lecture de ce livre? Alors, voyez la méthode mise au point par Willis Carrier, le brillant ingénieur qui créa l'industrie de l'air conditionné, et qui dirigea les célèbres usines Carrier à Syracuse dans l'Etat de New York. Mr. Carrier m'expliqua son système à l'occasion d'un déjeuner, et je ne connais pas de meilleur procédé pour résoudre un problème particulièrement stressant.

« Lorsque j'étais jeune homme, commença-t-il, je fus chargé par ma société, la Compagnie des Forges de Buffalo, d'installer un système de nettoyage de gaz dans une usine à Crystal City, dans le Missouri. Cette installation devait absorber les impuretés contenues dans le gaz, pour qu'il puisse être utilisé comme combustible sans aucun danger pour les machines. Cette méthode de lavage du gaz était nouvelle, on ne l'avait expérimentée qu'une seule fois, et dans des circonstances très différentes. Au cours de mon travail, des difficultés imprévues surgirent, et finalement, je constatai que mon dispositif fonctionnait beaucoup trop mal pour atteindre l'objectif qui m'avait été fixé.

« C'était comme si l'on m'avait asséné un coup de matraque. Pendant plusieurs jours, j'étais si stressé que je n'arrivais plus à dormir. Puis, un beau matin, mon simple bon sens me rappela que ce n'était pas en me tracassant sans cesse que j'allais trouver le moyen de m'en sortir. J'élaborai donc une méthode qui devait me permettre de résoudre mon problème sans excès de soucis. Et cela marcha à merveille. Il y a maintenant trente ans que j'applique cette technique " anti-stress ". Elle est extrêmement simple, et à la portée de tout le monde. Elle consiste en trois étapes :

« *1) Je procédai à une analyse minutieuse et honnête de la situation; ensuite, je déterminai quelles pouvaient être les pires conséquences de mon échec.* Une chose était certaine : on n'allait ni me fusiller ni me jeter en prison. Je risquais d'être licencié et de voir ma firme obligée de reprendre les machines installées. Ce qui aurait signifié la perte sèche des vingt mille dollars que nous avions investis.

« *2) Après avoir ainsi envisagé les pires conséquences, je me résignai à les accepter au cas où cela deviendrait nécessaire.* Je me disais : cet échec sera, évidemment, une faute dans mon parcours professionnel, et pourra bien entraîner mon renvoi. Mais, même dans ce cas, je pourrai toujours trouver un autre emploi. Ma situation n'était donc nullement désespérée. Quant à ma direction, elle devait bien se rendre compte que notre nouvelle méthode de nettoyage du gaz n'était encore qu'au stade expérimental. Et si cet essai devait vraiment lui coûter vingt mille dollars, elle avait les reins assez solides pour le supporter.

« Or, dès que je fus prêt à accepter, le cas échéant, ces conséquences extrêmes, mon stress disparut et j'éprouvai une sensation de sérénité que je n'avais plus connue depuis peut-être une semaine.

« *3) A partir de cet instant, je consacrai, très calmement, tout mon temps et toute mon énergie à la recherche d'un moyen d'atténuer ces conséquences que, mentalement, j'avais déjà acceptées.* Je m'efforçai donc de trouver une possibilité de réduire ce risque de perdre vingt mille dollars. Après une série de vérifications et d'essais, je découvris que le problème technique pouvait être résolu en investissant cinq mille dollars de plus pour un dispositif supplémentaire. Mes patrons suivirent mon conseil et, au u de perdre vingt mille dollars, notre société en gagna nalement quinze mille.

« Très probablement, je n'aurais jamais réussi à remédier aux défauts de nos installations si j'avais continué à paniquer, car un des effets les plus redoutables du stress, c'est justement la paralysie de nos facultés de concentration. Lorsque nous sommes stressés, notre esprit rebondit sans cesse d'une considération à l'autre, de sorte que nous perdons toute capacité à décider. Au contraire, dès que nous nous forçons à faire face au pire, et à l'accepter mentalement, nous contrôlons toutes ces vagues élucubrations et nous pouvons nous concentrer sur notre problème.

« L'incident que je viens de rapporter, conclut Mr. Carrier, s'est produit il y a de cela bien des années. A cette occasion, ma méthode avait donné des résultats si clairs et nets que, depuis cette époque, je l'ai toujours appliquée; c'est grâce à elle que ma vie a été pratiquement exempte de stress. »

Pourquoi, au point de vue psychologique, cette formule est-elle si utile et si pratique? Parce qu'elle nous arrache aux nuages dans lesquels nous tâtonnons inefficacement tant que notre stress nous aveugle. Elle nous remet sur un terrain solide et nous savons à quoi nous en tenir. Car aussi longtemps que nous perdons pied, quel espoir avons-nous de pouvoir examiner attentivement les données d'un problème?

Si le professeur William James, l'initiateur de la psychologie appliquée, vivait encore, et s'il pouvait entendre Mr. Carrier exposer sa méthode « Faire face au pire », il l'approuverait de tout cœur. Tout simplement parce que le professeur James enseignait déjà à ses étudiants: « Résignez-vous à accepter la situation telle qu'elle est... Résignez-vous, car... accepter ce qui est passé est la première étape pour surmonter les conséquences de n'importe quel malheur. »

C'est encore la même idée que le philosophe Lin Yutang a exprimée dans *L'Importance de vivre* : « **La vraie sérénité ne peut résulter que de l'acceptation de l'inévitable.** »

Et c'est bien cela, incontestablement! Cette attitude libère des forces psychologiques nouvelles! Une fois que nous avons accepté le pire, nous n'avons plus rien à perdre, ce qui signifie, automatiquement, que nous avons *tout à gagner.* Willis Carrier le dit bien : « Après m'être résigné au pire, mon stress disparut. A partir de ce moment-là, je fus de nouveau capable de *réfléchir.* »
Cela paraît logique, n'est-ce pas? Pourtant, des millions d'êtres humains ont ruiné leur santé uniquement parce qu'ils se refusaient à accepter le pire, qu'ils ne cherchaient même pas à en atténuer les conséquences, qu'ils restaient à regarder couler leur barque sans essayer de sauver ce qui pouvait encore l'être. Au lieu de tenter de rebâtir leur fortune, ils se lançaient dans « une discussion amère avec le destin » pour finir par accroître le nombre des victimes de ce triste état qu'on appelle la mélancolie.

Maintenant, aimeriez-vous savoir comment un autre de mes correspondants a adapté la formule magique de Willis Carrier à son propre problème? Voici encore un exemple, le cas d'un distributeur d'essence de New York qui avait suivi mon entraînement.
« On me faisait chanter! » commença-t-il. « Je n'aurais jamais cru cela possible, je croyais que cela n'arrivait qu'au cinéma, mais, pas de doute, on me faisait bel et bien chanter! Voici ce qui s'était passé : l'entreprise de distribution que je dirigeais possédait un certain nombre de camions et employait plusieurs chauffeurs. A cette époque, toute contravention aux restrictions imposées par l'état de guerre était sévèrement punie. L'essence était rationnée, de sorte que nous ne pouvions livrer qu'une quantité limitée à chacun de nos clients. Or, il paraît qu'à mon insu, quelques-uns de nos chauffeurs avaient pris l'habitude de rogner sur les quantités fournies à nos clients réguliers, et de vendre le reste à des " clients " personnels. Pour ma part, j'entendis parler de ces détournements pour la première fois le jour où un homme, se prétendant inspecteur des services gouvernementaux, vint me voir et me demanda un " pot-de-vin " substantiel comme prix de son silence. Il était en possession de preuves irréfutables, établissant toutes les irrégularités commises par nos chauffeurs, et il me menaça de soumettre ses

documents au procureur général, si je refusais de " casquer ".

« Je savais que, personnellement, je n'étais pas coupable. Mais je savais également que l'employeur est juridiquement responsable des actes de ses employés. Ce qui était encore plus grave, au cas où cette affaire viendrait devant un tribunal, la publicité que lui donneraient les journaux allait ruiner ma société. Et j'étais fier de cette entreprise, fondée par mon père, vingt-cinq ans plus tôt. J'étais si stressé que je tombai malade. Durant trois jours, je ne pus ni dormir, ni manger, je tournais en rond comme un fou. Devais-je payer la somme demandée ou devais-je, au contraire, dire à cet homme d'aller au diable et le laisser mettre ses menaces à exécution? J'avais beau envisager ces deux possibilités, j'aboutissais toujours à une catastrophe.

« Puis, le dimanche soir, je feuilletai, tout à fait par hasard, le livret intitulé « Comment lutter contre vos soucis » qu'on m'avait donné au stage. Je tombai sur l'histoire de Willis Carrier. « Envisagez le pire. » Alors, je m'interrogeai : en admettant que je refuse de payer, et que ce maître chanteur transmette vraiment ses preuves au procureur, qu'en résulterait-il pour moi, en mettant les choses au pire?

« La réponse était simple : je serais certainement ruiné. Mais c'était ce qui pouvait m'arriver de plus grave. On ne pouvait pas me mettre en prison. Je risquais simplement de voir ma société anéantie par la publicité donnée à cette affaire. Eh bien, me dis-je, supposons que ce soit fait. Je suis ruiné. Je m'y résigne, pour l'instant, mentalement. Que peut-il m'arriver ensuite?

« Ma société liquidée, j'allais être forcé, très probablement, de chercher un emploi. Là, les perspectives n'étaient pas mauvaises. Je connaissais à fond les questions relatives au commerce de l'essence, plusieurs firmes concurrentes seraient vraisemblablement contentes de pouvoir m'engager. Je me sentais déjà beaucoup mieux. Le nuage opaque dans lequel je m'étais débattu pendant trois jours et trois nuits commençait à se dissiper. Mon stress s'atténuait... et, à mon grand étonnement, je fus soudain *capable de réfléchir.*

« A présent, j'avais suffisamment repris mon sang-froid pour m'attaquer à la troisième étape : *tirer parti du pire.* Or, comme j'essayais de trouver une solution sensée au

problème, l'affaire m'apparut brusquement sous un angle tout à fait nouveau. Si j'expliquais ma situation à mon avocat, il découvrirait peut-être une possibilité à laquelle je n'avais pas pensé. Je me rends bien compte à quel point je dois vous paraître stupide de ne pas avoir eu cette idée plus tôt... mais il faut dire aussi que jusqu'à ce moment-là, je n'avais pas réfléchi efficacement... je m'étais uniquement fait de la bile! Je résolus immédiatement de consulter mon avocat le lendemain matin, avant tout autre chose... puis, j'allai me coucher et dormis comme un loir!
« Comment cela s'est-il terminé? Voilà: le lendemain matin, mon avocat m'engagea vivement à aller voir moi-même le procureur et à lui dire carrément la vérité! Je suivis son conseil. A ma surprise, le procureur déclara qu'il était au courant de l'activité déployée depuis des mois par une bande de maîtres chanteurs et que le prétendu " inspecteur des services gouvernementaux " était un escroc recherché par la police... Quel soulagement d'entendre cela après une telle panique!
« En tout cas, cette expérience a été pour moi une leçon que je n'oublierai jamais. Maintenant, chaque fois que je me trouve devant un problème qui risque de me stresser, j'applique la formule Carrier. »

Voici une histoire encore plus étonnante. A peu près à la même époque, un certain Earl Haney souffrait de plusieurs ulcères. Trois médecins, dont un spécialiste réputé, l'avaient condamné comme un « cas incurable ». Ils lui avaient bien recommandé de ne manger ni ceci ni cela, de ne jamais se tracasser, de mener une vie extrêmement calme et, aussi, de faire son testament!
Ces ulcères avaient déjà forcé Mr. Haney à abandonner une très belle situation. Il n'avait donc rien d'autre à faire de la journée qu'à se préparer à une mort lente et douloureuse.
Pourtant, il prit une grande décision : une décision d'un courage rare et admirable. « Puisqu'il ne me reste que peu de temps à vivre, déclara-t-il, autant en tirer le meilleur parti possible. J'ai toujours rêvé de pouvoir faire le tour du monde avant de m'en aller. Eh bien, si jamais je dois entreprendre ce voyage, c'est sûrement le moment. » Et il alla réserver une cabine sur un bateau.
Ses médecins furent catégoriques. « Nous devons vous prévenir, dirent-ils, que, si vous partez pour cette croi-

sière, votre corps sera immergé dans l'océan au bout de quelques jours. – Mais pas du tout, répliqua Mr. Haney. J'ai promis à ma famille de me faire enterrer dans notre caveau à Broken Bow, au Nebraska. Je vais donc acheter un cercueil et l'emmener avec moi. »

Il fit l'acquisition d'un cercueil, l'embarqua à bord et se mit d'accord avec la compagnie de navigation pour que – au cas où il mourrait pendant le voyage – son corps fût placé dans une chambre froide jusqu'au retour du paquebot. Au cours de la croisière, il ne se refusa aucun plaisir. « Je buvais des cocktails, raconte-t-il dans une de ses lettres, je mangeais toutes sortes de plats exotiques qui, infailliblement, devaient me tuer sur le coup. Au cours de ces quelques semaines, je me suis amusé bien plus que je ne l'avais fait pendant des années. Notre bateau essuyait des tempêtes qui auraient dû me coucher dans mon cercueil, ne fût-ce que de peur, mais toutes ces aventures me donnèrent un magnifique coup de fouet.

« Je jouais à tous les jeux de bord, je chantais, nouais continuellement de nouvelles relations et restais debout la moitié de la nuit. A notre arrivée en Chine et, plus tard, aux Indes, je me rendis compte que le stress contre lequel je m'étais débattu représentait un bonheur paradisiaque, comparé à la pauvreté et à la famine de l'Orient.

« Je cessais de me tourmenter inutilement et je me sentais revivre. Lorsque je revins en Amérique, j'avais repris quarante-cinq kilos, et j'avais presque oublié que, quelques mois plus tôt, j'avais eu des ulcères. De toute ma vie, je ne m'étais aussi bien porté. Je revendis mon cercueil aux pompes funèbres et repris mon travail. Depuis, je n'ai pas été malade un seul jour! »

A cette époque-là, Earl Haney ignorait la méthode Carrier. « Aujourd'hui, je me rends compte, me dit-il récemment, que j'appliquais instinctivement le même principe. J'étais résigné au pire qui pouvait m'arriver : c'est-à-dire à ma mort. Puis, j'entrepris de tirer le maximum de joies et de satisfactions du peu de temps qui me restait. Si, à bord de ce bateau, j'avais persisté dans le stress et l'angoisse, j'aurais certainement fait le voyage de retour en cercueil. Mais je réussis à me détendre au point d'oublier ma maladie. Et c'est à cette sérénité reconquise que je dois le renouveau d'énergie qui, finalement, m'a sauvé la vie. »

Si Willis Carrier a réussi à « rattraper » une affaire de vingt mille dollars, si un chef d'entreprise a pu se libérer d'un chantage, si Earl Haney est arrivé à vaincre un mal incurable et fatal, tous les trois uniquement en recourant à cette formule, n'est-il pas envisageable que cette méthode vous permette de résoudre également quelques-uns des problèmes qui se posent à vous? Et pourquoi pas ceux que vous auriez considérés jusqu'à présent comme insolubles?

Principe n° 2

Dans les situations stressantes :

- **Envisagez le pire.**
- **Préparez-vous à accepter le pire.**
- **Tirez parti du pire.**

CHAPITRE 3

ÉVALUEZ LES CONSÉQUENCES DU STRESS SUR VOTRE SANTÉ

Il y a de cela des années, un de mes voisins sonna à ma porte à l'heure du dîner et m'engagea vivement à me faire vacciner, ainsi que ma famille, contre la variole. Il faisait partie d'une armée de volontaires qui sonnaient à toutes les portes de New York. Des milliers de gens épouvantés firent alors la queue pendant des heures pour se faire vacciner. Des dispensaires furent installés d'urgence dans les casernes de pompiers, les commissariats de police et jusque dans certains grands établissements industriels. Plus de deux mille médecins et infirmières travaillèrent fiévreusement jour et nuit pour vacciner la foule immense. Pourquoi toute cette agitation? On avait enregistré huit cas de variole dans New York, dont deux avaient eu une issue fatale. Deux décès, sur une population de presque huit millions.

Eh bien, j'ai vécu de nombreuses années à New York, sans que personne ne se soit dérangé pour venir me mettre en garde contre la séquelle des maladies provoquées par le stress et les soucis, ces troubles « émotionnels » qui font dix mille fois plus de ravages que la variole. Aucun volontaire ne s'est encore présenté chez moi pour me prévenir de ce danger, pour me dire qu'actuellement, un Américain sur dix va vers la dépression nerveuse, à cause du stress continuel et de conflits émotionnels. J'ai écrit ce chapitre pour sonner à votre porte et vous avertir de cette menace.

Le prix Nobel de médecine Alexis Carrel a dit : « Les dirigeants qui ne savent pas combattre leurs soucis meurent jeunes. » De même pour les maîtresses de maison, les médecins ou les maçons...

Il y a quelques années, je visitais en voiture le Texas et le Nouveau-Mexique, avec le Dr Gober, attaché au service médical des Chemins de Fer de Santa Fé. La conversation étant venue sur les effets du surmenage nerveux, il me dit : « Soixante-dix pour cent de tous les malades qui consultent un médecin pourraient parfaitement se guérir eux-mêmes, s'ils savaient se libérer de leurs tracas et de leurs appréhensions. Je ne veux pas dire que leurs maux soient imaginaires ; ils sont aussi réels qu'une rage de dents et très souvent aussi graves : indigestion nerveuse, ulcères de l'estomac, troubles cardiaques, insomnies, migraines, et même paralysies.
« Or, ce sont là indiscutablement des maux réels. Je sais de quoi je parle, car j'ai souffert moi-même pendant douze ans d'un ulcère à l'estomac. La crainte est cause de stress. Le stress est source de tensions, de nervosité qui affectent les terminaisons nerveuses de notre estomac. Cela affecte anormalement les sucs gastriques et provoque fréquemment des ulcères. »

Un autre médecin, le Dr Joseph Montague, auteur d'un ouvrage sur les troubles de l'estomac, dit en substance la même chose : « **L'ulcère vient moins de ce que nous avons eu dans l'estomac, que de ce que nous avons gardé sur l'estomac.** » Le Dr Alvarez, de la célèbre clinique Mayo, déclare : « Très souvent, les ulcères se développent brusquement ou, au contraire, s'amenuisent suivant la courbe du stress émotionnel. »
Cette déclaration a été confirmée par une enquête portant sur 15 000 malades en traitement dans cette clinique pour des troubles gastriques. Chez quatre sur cinq de ces malades, on n'a pu découvrir aucune raison physique qui puisse expliquer leur affection. L'angoisse, les soucis, le stress, l'égoïsme et la difficulté à s'adapter au monde réel, telles étaient essentiellement les causes de leurs troubles gastriques et de leurs ulcères...

J'ai reçu récemment un courrier du Dr Habein. Dans une communication au congrès annuel de l'Association des médecins d'entreprise, il avait rendu public le résultat de l'examen approfondi de 176 dirigeants d'entreprise, d'un âge moyen de quarante-quatre ans. *Il avait constaté que plus d'un tiers d'entre eux souffraient d'une des trois maladies particulières aux personnes vivant continuellement « sous pression » : troubles cardiaques, ulcères du tube digestif, ou hypertension.* Rendez-vous compte : plus d'un tiers de chefs d'entreprise gravement atteints d'un de ces trois maux, et cela avant quarante-cinq ans ! Quelle terrible rançon du succès !

Est-ce vraiment réussir lorsqu'on paye de troubles cardiaques ou d'ulcères les échelons que l'on gravit ? A quoi cela sert-il de très bien gagner sa vie, si l'on perd complètement son équilibre ? L'homme le plus riche ne pourra dormir que dans un seul lit à la fois, et ne prendra que trois repas par jour. J'avoue franchement que j'aimerais mieux être décontracté et sans responsabilité écrasante plutôt que d'avoir, à quarante-cinq ans, ruiné ma santé à diriger une entreprise de chemins de fer ou une manufacture de cigarettes. A propos de cigarettes, le plus grand fabricant du monde est mort d'une crise cardiaque alors qu'il essayait de prendre quelques jours de repos en forêt au Canada. Il avait vraisemblablement sacrifié des années de sa vie en échange « du succès en affaires ». A mon avis, ce fabricant de cigarettes, avec tous ses millions, n'avait pas aussi bien réussi sa vie que mon père, heureux fermier du Missouri, décédé à quatre-vingt-neuf ans sans laisser un sou.

D'après les célèbres frères Mayo, un grand nombre de lits d'hôpitaux sont occupés par des malades souffrant de troubles nerveux. Pourtant, si après leur mort, on examine leurs nerfs au microscope, on constate généralement qu'ils sont en parfait état. Leurs troubles « nerveux » ne proviennent donc pas d'un délabrement physique des nerfs, mais de sentiments de frustration, d'angoisse, d'inquiétude, de peur, de stress, d'inutilité. Déjà Platon disait : « La plus grande erreur des médecins est d'essayer de guérir le corps sans, en même temps, guérir l'esprit. » Il a fallu à la médecine occidentale vingt-trois siècles pour reconnaître cette vérité. Nous voyons de plus en plus de thérapeutiques qui traitent simultanément le corps et l'esprit et qui tiennent compte des facteurs psychosomatiques. La science a vaincu un grand nombre de maladies provoquées par les microbes et virus : variole,

choléra, fièvre jaune et tant d'autres qui ont emporté des millions d'êtres humains. En revanche, la médecine est généralement incapable de guérir les atteintes physiques ou mentales causées par le stress, les soucis, l'angoisse, la colère, la haine, le désespoir. Le nombre des décès dus à ces maladies nerveuses augmente continuellement.
Quelles sont, en somme, les causes des difficultés psychologiques? On ne saurait en donner ici une énumération complète. Mais, l'angoisse et le stress y contribuent dans un grand nombre de cas. L'individu excessivement anxieux, harassé, qui ne parvient pas à s'adapter aux réalités de l'existence, refuse finalement tout contact avec son milieu ambiant, tend à se retirer dans un imaginaire qui le sauve des appréhensions.

Tandis que j'écris ce chapitre, j'ai sous les yeux un ouvrage du Dr Podolsky, intitulé : *Cessez de vous tracasser et vous vous porterez bien.* Voici quelques sous-titres :
L'effet des soucis sur le cœur.
L'hypertension, conséquence du surmenage nerveux.
Vos rhumatismes proviennent peut-être de vos préoccupations.
Angoissez-vous moins, ne serait-ce que pour votre estomac.
Les soucis et la thyroïde.
Le diabète des inquiets.

Le stress finit par avoir raison des constitutions les plus solides. Le général Grant devait faire cette constatation durant les derniers jours de la guerre de Sécession. Voici comment : depuis neuf mois, Grant assiégeait Richmond. Les troupes du général Lee, commandant la place forte, étaient à bout, déguenillées, affamées, en un mot battues. Des régiments entiers désertaient. D'autres organisaient des séances de prières. Bientôt, ce fut la débâcle. Les soldats de Lee incendièrent les entrepôts de coton et de tabac, mirent le feu à l'arsenal et abandonnèrent la ville, en une fuite désordonnée, pendant que des flammes gigantesques montaient dans l'obscurité. Grant se lança à leur poursuite sans leur laisser un instant de répit, enveloppant des deux côtés les colonnes de fuyards. La cavalerie, sous le commandement de Sheridan, réussit à dépasser l'ennemi. Elle arrachait les rails de chemin de fer et capturait les trains d'approvisionnement.
Grant, en proie à une migraine atroce, passa à l'arrière-garde et fut obligé de s'arrêter dans une ferme. « Je passai

la nuit, raconte-t-il dans ses mémoires, à prendre des bains de pieds, à me poser des emplâtres à la moutarde sur les poignets et la nuque, dans l'espoir d'être rétabli le lendemain. Et le lendemain matin, la migraine disparut comme par enchantement. Ce ne fut cependant pas le fait des emplâtres à la moutarde, mais l'arrivée d'un cavalier, porteur d'une lettre du général Lee qui annonçait sa décision de se rendre. Sitôt informé de son message, je me sentis guéri. »
Sans aucun doute, les malaises dont souffrait Grant cette nuit-là avaient été provoqués par la tension nerveuse et les appréhensions. Dès l'instant où son angoisse fit place à la certitude de la victoire, il fut soulagé.

Soixante-dix ans plus tard, Henry Morgenthau, secrétaire d'Etat aux Finances dans le cabinet Roosevelt, découvrit que le stress pouvait le rendre malade au point de l'étourdir. Il relate, en effet, dans son journal qu'il était terriblement préoccupé le jour où le Président, afin de soutenir le prix du blé, en acheta, dans une seule journée, 4 400 000 boisseaux (environ 2 500 000 quintaux). « Je fus tellement choqué, raconte-t-il, que je rentrai chez moi et, après avoir déjeuné, encore sonné, je dormis deux heures... »

D'ailleurs, si je veux me rendre compte de l'effet désastreux du stress continuel sur la santé, je n'ai même pas besoin de chercher des exemples dans ma bibliothèque ou de me renseigner auprès d'un médecin; je n'ai qu'à regarder par la fenêtre de mon cabinet de travail pour voir, de l'autre côté de la rue, une maison où l'inquiétude a causé une grave dépression nerveuse, et une autre dont le locataire, à force de stress, a fini par devenir diabétique. Chaque fois que la Bourse baissait, la teneur en sucre dans ses urines augmentait!

Lorsque Montaigne, le célèbre philosophe, fut élu maire de Bordeaux, sa ville natale, il déclara à ses concitoyens : « Je me donnerai à l'administration de notre cité avec toute ma foi, mais non avec mon foie, ni mes poumons. » Or, c'est justement ce qu'avait fait mon voisin : se donner à la Bourse avec son sang. Et il a bien failli en mourir. Le stress peut également provoquer des rhumatismes et de l'arthrite au point de vous clouer dans un fauteuil roulant. Russell L. Cecil, professeur à l'école de médecine de Cornell, une des premières autorités internationales pour le traitement de l'arthrite, estime que les quatre causes les plus répandues de cette maladie sont :

1) Les mariages malheureux.
2) Les revers et les soucis financiers.
3) La solitude et le stress.
4) Les ressentiments entretenus.

Bien entendu, ces quatre causes d'ordre émotif ne sont pas responsables de tous les cas d'arthrite, loin de là. Il existe un grand nombre de variantes de cette maladie, et chacune d'elles peut avoir une origine différente. *Mais la plupart des arthritiques sont redevables de leur mal à l'une des quatre causes énumérées par le Dr Russell.* Par exemple : durant la grande crise, un de mes amis eut de telles difficultés que la Compagnie du Gaz suspendit son abonnement et que la banque auprès de laquelle il avait hypothéqué sa maison menaça de mettre celle-ci en vente. Sa femme eut tout à coup une attaque d'arthrite, et en dépit de soins médicaux et de régimes, elle ne guérit que lorsque leur situation financière s'améliora.

Il paraît que le stress peut même provoquer des caries. Le Dr William McGionigle déclara, dans une communication au congrès annuel des Chirurgiens-Dentistes américains : « Des émotions pénibles, telles que le stress continuel, l'angoisse, l'antagonisme compromettent souvent l'équilibre du calcium dans le corps et provoquent des caries. » Il cite le cas d'un de ses clients qui avait eu une dentition en parfait état jusqu'au jour où il commença à se miner au sujet de la maladie subite de sa femme. Au cours des trois semaines qu'elle passa à l'hôpital, neuf des dents du mari se creusèrent de cavités...

Vous est-il déjà arrivé de voir une personne souffrant d'une suractivité prononcée de la thyroïde? J'en ai rencontré plusieurs, je puis vous dire que ces malheureux tremblent de la tête aux pieds, qu'ils ont l'air d'être à moitié morts de peur. La thyroïde, cette glande régulatrice du corps est, si j'ose dire, emballée. Elle précipite le rythme de nos fonctions vitales comme un haut fourneau dont tous les tirages seraient ouverts. Si le médecin n'intervient pas à temps pour ralentir ce régime, le malade risque de se consumer et de mourir. Il y a quelques mois, j'accompagnais un de mes amis qui souffrait de ce mal.

Nous allâmes consulter un spécialiste qui soignait la maladie depuis trente-huit ans. Voici le texte qui, sur un grand panneau, accueillait les patients dès leur entrée dans la salle d'attente :

DÉTENTE

Les facteurs de détente les plus puissants s'appellent :
Religion, Sommeil, Musique et Rire.
Croyez en Dieu. Gérez bien votre sommeil.
Appréciez la bonne musique. Prenez la vie du bon côté.
Santé et bonheur seront à vous.

La première question que ce médecin posa à mon ami fut : quel est le trouble d'ordre émotif qui a déclenché vos malaises? Puis, il le mit en garde contre d'autres maux qui pouvaient fort bien survenir s'il ne cessait pas d'être anxieux : troubles cardiaques, ulcères de l'estomac, diabète. « Toutes ces maladies, déclara l'éminent spécialiste, sont apparentées les unes aux autres. »

L'actrice Merle Oberon, que j'ai eu l'occasion d'interviewer, me dit qu'elle refusait catégoriquement de se tracasser, car elle savait que cela détruirait son principal atout : sa beauté. « A l'époque où j'essayais de débuter au cinéma, me dit-elle, j'étais continuellement stressée. Je venais d'arriver des Indes, et je ne connaissais encore personne à Londres. Je réussis à être reçue par quelques producteurs de films, mais aucun ne voulut m'engager, et le peu d'argent que je possédais commençait déjà à fondre. A ce moment-là, je n'étais pas seulement tourmentée, mais aussi affamée. Dix fois par jour, je me disais : tu es peut-être en train de faire une folie. Il est fort possible que tu n'arrives jamais à trouver le moindre rôle. Après tout, tu n'as aucune expérience, tu n'as encore jamais joué. Que peux-tu leur offrir, à part un joli visage. Je me suis alors regardée dans une glace et j'ai vu ce que mes soucis provoquaient. J'ai vu les rides qui commençaient à me marquer, l'expression anxieuse qui me défigurait. Alors je me suis dit : il faut que tu cesses immédiatement de te tracasser. Tu ne peux pas te le permettre. La seule chose que tu puisses offrir à un producteur, c'est ton gentil minois et ton angoisse est en train de le ruiner. » Rares sont les facteurs qui vieillissent et aigrissent aussi rapidement que l'inquiétude. C'est la grande ennemie du visage. Elle fige l'expression, contracte les mâchoires et trace des rides. Elle nous donne un air renfrogné. Souvent, elle blanchit prématurément les cheveux ou les fait même tomber. Elle peut également assombrir le teint et faire surgir toutes sortes d'éruptions!

Les maladies de cœur sont une cause majeure de mortalité dans les pays développés. Durant la Seconde Guerre mondiale, aux Etats-Unis, plus de trois cent mille soldats ont été tués au combat; dans la même période, les maladies de cœur ont tué deux millions de civils! Pour un million d'entre eux, cette maladie mortelle était liée au stress.

William James a dit :
« Il se peut bien que Dieu pardonne nos péchés.
Notre système nerveux ne les pardonne jamais. »

Voici encore un autre fait, presque incroyable : aux Etats-Unis, le nombre des suicides est supérieur à celui des décès dus aux cinq maladies contagieuses les plus répandues. Pourquoi ? Dans la plupart des cas, la réponse est simple : le stress et les soucis.

Quand les féroces seigneurs chinois torturaient leurs prisonniers, ils les immobilisaient totalement sous un tonneau d'où tombait une goutte, puis une autre, jour et nuit. Ces gouttes s'écrasaient toujours au même endroit de la tête, et avec les heures, devenaient comme des coups de marteau. Finalement, le supplicié devenait fou. De même sous une gouttière percée, les gouttes de pluie rongent un sol de ciment. L'anxiété est comme la goutte d'eau qui tombe, tombe, et tombe encore; elle provoque un déséquilibre et peut conduire à l'autodestruction.

Quand j'étais petit garçon, je tremblais de peur en entendant un prédicateur décrire les flammes de l'enfer. Mais jamais, il n'a mentionné cet enfer qui guette les éternels stressés : par exemple si vous êtes un bilieux invétéré, vous risquez fort d'être un jour victime de l'angine de poitrine. Aimez-vous la vie ? Tenez-vous à vivre longtemps et à jouir d'une bonne santé ? Alors tâchez de garder votre sérénité au milieu de l'agitation, ainsi vous éviterez les maladies nerveuses. En êtes-vous capable ? Si vous êtes une personne normale, vous devez pouvoir répondre nettement par l'affirmative. La plupart d'entre nous sont plus forts qu'ils ne le croient.

Nous possédons tous des ressources intérieures auxquelles, très probablement, nous n'avons encore jamais fait appel. Comme Thoreau l'a écrit dans *Walden*, son livre remarquable : « **Je ne connais rien de plus encourageant que cette aptitude indéniable que possède l'être humain d'élever sa qualité de vie par un effort conscient...** Toute personne qui avance avec confiance vers ses rêves, et qui s'efforce de vivre comme elle l'a imaginé, les réalisera un jour avec succès. »

Je suis sûr que beaucoup de lecteurs de ce livre possèdent autant de volonté et de ressources intérieures que la femme dont voici l'histoire : Olga Jarvey, habitant à Cœur d'Alene en Idaho, a découvert un jour que même dans les circonstances les plus dramatiques, elle était capable de bannir de sa pensée toute angoisse, toute inquiétude. Je suis sûr que vous et moi le pouvons également, si nous appliquons les vérités très anciennes dont il est question dans ce livre.
« Il y a huit ans, dit-elle dans sa lettre, j'étais condamnée à mourir, d'une mort lente et douloureuse. J'avais un cancer, et les médecins avaient confirmé cette sentence impitoyable. J'étais encore très jeune et je ne voulais pas mourir. Le jour où j'appris que j'étais perdue, je téléphonai à notre vieux médecin de famille et lui criai mon désespoir. Mais il me coupa brutalement la parole : " Qu'est-ce qui te prend, Olga? Tu n'as donc plus de volonté? Evidemment, si tu continues à pleurer, tu vas mourir, oui! Ce qui t'arrive est terrible, cela ne pourrait être pire. Alors regarde la situation bien en face! D'abord cesse de te focaliser sur ta peur et ensuite, fais quelque chose! " Au moment même où je raccrochai, je fis un serment, un serment si solennel que mes ongles s'enfoncèrent dans mes paumes et une sueur froide me coula le long du dos. *Je ne veux plus m'angoisser! Je n'aurai plus peur, je ne pleurerai plus! Et s'il est vrai que l'esprit peut vaincre la matière, je vais vaincre! Je vais VIVRE!* »
« Lorsque le cancer était très avancé, on utilisait à cette époque une exposition aux rayons X au maximum de 10 minutes pendant 30 jours. Je fus soumise à 14 minutes

pendant 49 jours; et bien qu'émaciée au point d'avoir les os à fleur de peau, *je ne me tracassais plus.* Pas une seule fois, je ne pleurai. Au contraire, *je souriais.* Oui, je me forçais à sourire. Je ne suis pas assez naïve pour imaginer qu'il suffit de sourire pour guérir du cancer. Mais je crois qu'une attitude joyeuse aide le corps à combattre le mal. Quoi qu'il en soit, mon cas constitue une guérison assez miraculeuse. Je ne me suis jamais aussi bien portée que durant ces dernières années, grâce à ces mots de défi : Regarde la situation bien en face, cesse d'abord de considérer ta peur et ensuite, fais quelque chose! »

Je voudrais clore ce chapitre par le rappel de la phrase citée au début :
Le stress et les soucis peuvent vous gâcher la vie.
Est-ce que, par hasard, cela vous concerne? C'est bien possible.

Principe n° 3
Rappelez-vous le prix exorbitant que le stress et les soucis peuvent coûter à votre santé.

DEUXIÈME PARTIE

ANALYSE SYSTÉMATIQUE DU STRESS

Six fidèles serviteurs guident toute ma vie. Ils s'appellent : Quoi ? Quand ? Qui ? Pourquoi ? Où ? et Comment ?

Rudyard KIPLING

CHAPITRE 4

QUELLES SONT LES INFORMATIONS NÉCESSAIRES ?

La formule de Carrier, exposée précédemment, permet-elle vraiment de résoudre tous les problèmes qui nous préoccupent? Evidemment non. Alors préparons-nous à faire face aux différentes sortes de préoccupations, en analysant chaque problème.

Une vérité vieille comme le monde? Exact : Aristote l'enseignait déjà. Et nous sommes bien obligés de recourir à cette méthode pour résoudre les problèmes.

Prenons d'abord le temps d'établir les faits. Pourquoi est-ce tellement important? Parce que, tant que nous ne sommes pas en possession des faits, toute tentative pour trouver une solution intelligente est vouée à l'échec, quel que soit notre problème. Sans les faits, nous tournons en rond. Herbert Hawkes, longtemps doyen de l'Université de Columbia, a aidé peut-être deux cent mille étudiants à résoudre les problèmes qui les préoccupaient. Il m'a dit : **« la confusion est la raison principale du stress »**. Il expliquait ainsi sa philosophie : « La moitié du stress vient de personnes essayant de prendre des décisions avant d'avoir rassemblé suffisamment de faits. Je sais que par exemple, mardi à onze heures, j'aurai à prendre une décision au sujet de tel ou tel problème, je me refuse même à essayer de prendre cette décision avant mardi. Mais en attendant, je vais m'efforcer de réunir toutes les données relatives à ce problème, et je ne m'occuperai que de cela. Je ne me tracasserai pas une seconde. La nécessité de prendre dans quelques jours une décision ne m'empêchera pas de dormir. Je vais me consacrer uniquement aux faits. Et le jour venu, si j'ai pu réunir tous les éléments, le problème sera facilement résolu. »

Je demandai alors au doyen Hawkes s'il voulait dire qu'il avait réussi à éliminer complètement de sa vie les inquiétudes, il me répondit : « Certainement. Je crois pouvoir affirmer en toute sincérité qu'à présent, mon existence est exempte de toute inquiétude. J'ai constaté que **lorsque nous consacrons notre temps et notre énergie à la recherche objective des faits, nos appréhensions sont presque toujours dissipées.** »

Mais que faisons-nous en général? Thomas Edison a dit très sérieusement : « Neuf fois sur dix, l'homme trouve des prétextes pour éviter l'effort de réflexion. » Même si nous nous donnons la peine de rechercher les faits, si nous entreprenons de rassembler les données, nous courons uniquement après celles qui étayent ce que nous pensons déjà, et nous ignorons les autres! Nous ne voulons connaître que les faits susceptibles de justifier nos désirs ou nos actes, qui s'accordent avec nos pensées, ou confirment nos opinions préconçues!

Comme l'a dit si bien André Maurois : « Tout ce qui est en accord avec nos désirs personnels nous paraît vrai. Tout ce qui est en désaccord avec eux nous contrarie. » Faut-il alors s'étonner des difficultés que nous éprouvons à trouver une réponse à nos problèmes? N'aurions-nous pas autant de mal si nous essayions de résoudre un problème d'arithmétique en partant de l'hypothèse que deux fois deux font cinq? Pourtant, bien des gens se cassent la tête simplement parce qu'ils persistent à réfléchir à partir d'hypothèses aussi fausses.

Que faire à ce sujet? Nous devons raisonner froidement, en écartant de nos réflexions tout élément émotif, et suivant l'expression employée par le doyen Hawkes, « établir les faits de façon impartiale et objective ». Or, cela n'est guère facile lorsqu'on est préoccupé. Plus nous sommes inquiets, plus nos émotions sont intenses. Voici cependant deux méthodes qui m'ont été utiles chaque fois que j'ai essayé de considérer mes problèmes avec un certain recul.

1) Lorsque je m'efforce de réunir les faits, je m'imagine chercher les renseignements en question non pas pour moi, mais pour quelqu'un d'autre. Cela m'aide à éliminer de ma pensée toute influence émotionnelle, et, par conséquent, à juger rationnellement la situation, sans parti pris.

2) Alors que je suis encore occupé à rassembler les données nécessaires à ma décision, j'imagine être un avocat chargé de défendre le point de vue contraire. J'essaie de réunir tous les faits qui vont à l'encontre de mon opinion, tous les faits contraires à mes désirs, ceux que je n'aime pas regarder en face. Ensuite, je note, noir sur blanc, mon argumentation et celle de la partie adverse. De cette façon, je trouve beaucoup plus facilement la solution adéquate.

Voici ce que je m'efforce d'expliquer : ni vous, ni moi, ni Einstein, ni le président du Sénat ne sommes assez intelligents pour pouvoir prendre une décision sensée, tant que nous ne sommes pas en possession des faits. Thomas Edison, le grand inventeur, avait parfaitement reconnu cette vérité. A sa mort, il avait deux mille cinq cents carnets bourrés de faits concernant les problèmes auxquels il s'était attaqué.

En conséquence, réunissons préalablement toutes les données possibles, nous résoudrons plus facilement les difficultés.

Principe n° 4
Rassemblez tous les faits.

CHAPITRE 5

COMMENT DÉCIDER AVEC SANG-FROID

Après avoir rassemblé tous les faits liés à un problème, la logique veut que nous prenions la peine de les analyser et de les interpréter.

Une expérience chèrement acquise m'a enseigné qu'il est bien plus facile d'analyser les faits après les avoir notés. Il est certain qu'en inscrivant les données du problème sur un papier et en le posant nettement, on se rapproche considérablement d'une décision intelligente. Comme l'a dit Charles Kettering, ancien vice-président de la General Motors : « Un problème bien posé est à moitié résolu. »

Les Chinois disent qu'un dessin vaut dix mille mots. Je vais donc tâcher d'illustrer la mise en pratique de cette méthode. Galen Lichtfield, brillant homme d'affaires, se trouvait en Chine au moment où les Japonais occupèrent Shanghai. Voici l'histoire qu'il me raconta : « En 1942, l'armée japonaise s'abattit sur Shanghai comme une nuée de sauterelles. J'étais alors directeur général de la compagnie d'assurances Asia. Les Japonais nous expédièrent un " liquidateur militaire ". C'était un amiral et je reçus l'ordre de l'assister à liquider tout notre actif. Bien entendu, je n'avais pas le choix. Je pouvais collaborer avec cet homme, ou bien... Et ce " ou bien " signifiait une mort certaine.

« Ne pouvant agir autrement, je fis ce qu'on m'ordonna de faire, tout au moins en apparence. Je dus remettre à l'amiral une liste des titres que nos clients avaient déposés chez nous. Mais j'omis de mentionner sur cette liste tout un ensemble de valeurs appartenant à notre succursale de Hongkong et qui, par conséquent, ne devait pas figurer dans l'actif de l'établissement de Shanghai. Quoique, du point de vue juridique, cette omission fût justifiée, je craignais d'être dans un joli pétrin si les Japonais s'en apercevaient. Et ils s'en aperçurent très vite.

« Je n'étais pas à mon bureau quand ils firent cette découverte, mais mon chef comptable s'y trouvait. Il me raconta que l'amiral s'était mis dans une colère folle, qu'il m'avait traité de voleur et de traître! J'avais osé défier l'armée japonaise! Je savais trop bien ce que cela voulait dire. On allait m'enfermer dans la " Maison du Pont ". Plusieurs de mes amis avaient préféré se donner la mort plutôt que d'être jetés dans cette prison. D'autres n'avaient pu résister à dix jours d'interrogatoires et de tortures. Et maintenant, j'étais visé moi-même pour cette geôle sinistre.

« Que pouvais-je faire? J'avais appris la nouvelle un dimanche après-midi. Logiquement, j'aurais dû être terrifié. Et je l'aurais été si je n'avais pas eu à ma disposition une technique précise pour résoudre tous mes problèmes. Pendant des années, chaque fois qu'une difficulté me tracassait, je m'étais mis à ma machine à écrire, j'avais tapé deux questions et ensuite les réponses :

1) Qu'est-ce que je redoute exactement?

2) Que puis-je faire pour y échapper?

« Autrefois, j'avais essayé à plusieurs reprises de répondre à ces questions sans les coucher d'abord noir sur blanc. Mais il y avait belle lurette que j'y avais renoncé. J'avais constaté que le fait de noter les questions et les réponses m'éclaircissait considérablement les idées. Ce dimanche après-midi, je sortis ma machine à écrire et commençai à taper :

1) Qu'est-ce que je redoute exactement?

Je crains d'être arrêté demain matin et emprisonné à la Maison du Pont.

Ensuite, la seconde question :

2) Que puis-je faire pour y échapper?

Je passai des heures à noter, étape par étape, les quatre lignes de conduite que je pouvais adopter et à prévoir les conséquences probables de chacune d'elles.

a) Je peux essayer d'expliquer à l'amiral japonais les raisons juridiques de cette omission. Mais il ne parle pas anglais. Si je lui soumets mes explications via un interprète, je risque fort de le mettre à nouveau en colère. Cela peut fort bien entraîner ma condamnation.

b) Je peux essayer de m'enfuir. Impossible. Ils me surveillent constamment. Je suis obligé de leur signaler le moindre de mes déplacements. Si je tente de m'échapper, je serai très vraisemblablement repris et fusillé.
c) Je peux évidemment rester ici dans ma chambre et ne jamais revenir à mon bureau. Mais mon absence éveillera les soupçons de l'amiral : il me fera arrêter par ses soldats et conduire à la Maison du Pont, sans possibilité de m'expliquer.
d) Je peux retourner lundi matin à mon bureau comme si rien ne s'était passé. Dans ce cas, j'aurai peut-être la chance que l'amiral soit calmé et qu'il ne m'ennuie pas trop. Si les choses doivent se passer ainsi, tout ira bien pour moi. Et même s'il commence à tempêter, je pourrai encore essayer de m'expliquer. Par conséquent, en retournant lundi matin au bureau, et en me conduisant normalement, j'ai une meilleure chance d'échapper à la terrible Maison du Pont.

« Dès que j'eus ainsi envisagé toutes les conséquences possibles, et choisi la quatrième ligne de conduite, j'éprouvai un immense soulagement.
« Quand, le lendemain matin, j'arrivai au bureau, l'amiral japonais était vautré dans un fauteuil, une cigarette au bec. Il me dévisagea, comme il le faisait toujours, et ne dit rien. Six semaines plus tard, Dieu merci, il repartit pour Tokyo, ce qui mit fin à mes ennuis. »

Principe n° 5
Pesez tous les faits puis décidez.

CHAPITRE 6

DE LA DÉCISION A L'ACTION

L'aventure de Galen Lichtfield illustre un autre principe. Ecoutons-le :

« Comme je vous l'ai déjà dit, j'ai probablement sauvé ma peau en m'asseyant à ma table, ce dimanche après-midi, pour noter tout d'abord les solutions que je pouvais choisir, ensuite, leurs conséquences probables. C'est grâce à cette méthode que j'ai pu prendre une décision avec sang-froid. Si je ne m'étais pas astreint à ce travail rigoureux, j'aurais peut-être hésité et joué finalement la mauvaise carte. Si je n'avais pas envisagé patiemment et calmement tous les aspects du problème, et réuni toutes les données avant de prendre ma décision, j'aurais passé une nuit blanche, et serais arrivé, lundi matin, à mon bureau avec un visage harassé, défait, inquiet; cela aurait pu suffire à éveiller les soupçons de l'amiral et me condamner.

« Une longue expérience m'a montré, chaque fois que je me trouvais placé devant un problème difficile, l'énorme avantage d'une décision ferme et réfléchie. C'est justement notre incapacité à nous fixer une ligne de conduite qui nous mène au stress, voire à la dépression. J'ai découvert que la moitié de mon anxiété disparaissait dès que j'étais arrivé à prendre une décision claire et précise; et, généralement, la moitié du stress restant disparaissait dès que je commençais à mettre en œuvre cette décision. »

Galen Lichtfield devint le directeur pour l'Extrême-Orient de la compagnie financière Starr, Park et Freeman. Il m'a déclaré devoir pour une large part sa réussite professionnelle à cette méthode : analyser chaque problème et s'y attaquer ensuite résolument. Pourquoi cette méthode donne-t-elle des résultats si remarquables? Parce qu'elle est avant tout pratique, et s'attaque directement au problème en débouchant sur une action réfléchie.

William James a dit : « Dès que l'on a pris une décision et qu'il s'agit de la mettre à exécution, il faut écarter délibérément toute appréhension au sujet du résultat final. » Ce qui signifie ceci : à partir du moment où vous avez pris une décision raisonnée, fondée sur des faits indiscutables, *passez à l'action.* Ne vous arrêtez pas pour reconsidérer votre ligne de conduite. Ne commencez pas à hésiter ou, pire encore, à revenir en arrière. Ayez confiance en vous-même. Allez de l'avant.

J'ai demandé un jour à Wait Philipps, un des grands patrons de l'industrie du pétrole, comment il s'y prenait pour réaliser ses projets. Voici sa réponse : « A mon avis, l'examen d'un problème complexe, au-delà d'un certain point, donne inévitablement naissance à la confusion et au stress. Il arrive un moment où toute investigation supplémentaire s'avère néfaste. Il faut alors se décider et foncer vers le but sans se retourner. »

Principe n° 6
La décision prise, agissez!

CHAPITRE 7

COMMENT ÉLIMINER 50 % DE VOTRE STRESS PROFESSIONNEL

Décisionnaires, peut-être vous dites-vous déjà : « Le titre de ce chapitre est prétentieux. Voilà dix-neuf ans que j'exerce des responsabilités croissantes, et si une personne connaît les réponses, c'est bien moi. Venir me raconter, à moi, comment je dois m'y prendre pour éliminer 50 % de mon stress professionnel, c'est absurde ! »

Cela se comprend. Moi aussi, j'aurais pensé la même chose, il y a quelques années, en lisant un titre aussi prometteur. Pour être franc, j'admets que je suis incapable de vous permettre d'éliminer vraiment 50 % de votre stress professionnel. Personne n'en est capable, sauf vous-même. En revanche, je *peux* vous montrer comment d'autres y sont parvenus. A vous d'en tirer parti. Puisque le stress peut avoir des conséquences graves, sans doute seriez-vous déjà content d'en éliminer, mettons, 10 %.

Voici comment un chef d'entreprise a réussi à économiser les trois quarts du temps qu'il passait à traiter des questions professionnelles. Il s'agit de Léon Shimkin, ancien président d'une des plus grandes maisons d'édition, Simon & Schuster, Inc. au Rockefeller Center de New York. Il déclare :
« Pendant quinze ans, j'ai passé à peu près la moitié de chaque année de travail à tenir des réunions avec mes associés. Nous discutions toutes sortes de problèmes. Fallait-il faire ceci, cela ou rien du tout ? Régulièrement, à mesure que la réunion se prolongeait, nous nous éner-

vions, commencions à remuer dans nos fauteuils, à arpenter la pièce, à répéter les mêmes choses, bref, à tourner en rond. Le soir venu, je rentrais chez moi épuisé. J'avais travaillé de cette façon-là depuis quinze ans, et l'idée qu'il pouvait y avoir une méthode beaucoup plus efficace ne m'était jamais venue. Si quelqu'un m'avait dit que je pouvais économiser les trois quarts du temps dépensé dans ces séances fébriles, et par conséquent, les trois quarts de ma tension nerveuse, je l'aurais pris pour un optimiste ignorant les réalités.

« Pourtant j'ai réussi à élaborer une méthode grâce à laquelle j'ai obtenu précisément ce résultat. Il y a maintenant huit ans que je l'applique, et elle a fait des prodiges, pour le rendement de mon travail, ainsi que pour ma santé et mon équilibre. Cela peut avoir l'air d'une " baguette magique " tant la méthode est simple et efficace. Voici mon secret : pour commencer, j'ai immédiatement abandonné ces réunions qui débutaient par une énumération de tout ce qui n'allait pas et finissaient par l'éternelle question : qu'allons-nous faire ? J'ai institué un règlement nouveau, obligeant celui qui désirait soumettre un problème à rédiger d'abord un exposé contenant les réponses aux quatre questions suivantes :

Question 1 : " **Quel est le problème ?** "

« Avant cette innovation, nous gaspillions toujours une ou deux heures à discuter, sans identifier réellement le problème. Nous avions pris la fâcheuse habitude de nous épuiser à débattre de nos ennuis sans jamais nous préoccuper d'écrire précisément en quoi consistait le problème.

Question 2 : " **Quelles sont les causes du problème ?** "

« Lorsque je regarde en arrière, je suis épouvanté par le nombre incalculable d'heures perdues en discussions désorganisées en omettant de recenser clairement les causes se trouvant à l'origine de nos problèmes.

Question 3 : " **Quelles sont les solutions possibles ?** "

« Avant l'introduction du nouveau règlement, quand l'un de nous suggérait une solution, souvent un autre la déclarait aussitôt irréalisable pour telle ou telle raison. Très vite, nous nous emportions, débordions du sujet et, en fin de réunion, personne n'avait noté les différents moyens envisagés pour résoudre le problème.

Question 4 : “ **Quelle est la meilleure solution?** ”
« Un des collaborateurs qui participait à toutes nos réunions tergiversait pendant des heures sur une question, tournait en rond au lieu de peser le pour et le contre des solutions possibles et déclarer : “ Voici la solution que je propose. ”

« Aujourd'hui, mes collaborateurs ne viennent plus que très rarement m'exposer leurs problèmes. Pourquoi? Parce qu'ils ont découvert que pour répondre à ces quatre questions, ils doivent d'abord réunir tous les faits et bien creuser le problème. Lorsqu'ils ont fait cela, ils constatent, trois fois sur quatre, qu'ils n'ont pas besoin de me consulter : la bonne solution s'impose d'elle-même. Et même dans les rares cas nécessitant une réunion, la discussion dure trois fois moins longtemps qu'auparavant, elle est ordonnée et aboutit systématiquement à une décision sensée.
« Aujourd'hui, nous dépensons infiniment moins d'énergie et de temps à discuter et nous énerver au sujet de ce qui ne va pas. En revanche nous agissons avec efficacité. »

Mon ami Frank Bettger, un des champions de l'assurance aux Etats-Unis, m'a dit avoir diminué son stress et doublé ses revenus en utilisant une méthode similaire. Voici son histoire : « A l'époque où je débutais comme vendeur d'assurances, j'éprouvais pour mon travail un enthousiasme débordant, une véritable passion. Mais rapidement, j'eus une crise de découragement, maudissant mon travail et songeant sérieusement à l'abandonner. Je l'aurais certainement fait si, un samedi matin, je n'avais pas eu l'idée de m'installer à ma table de travail pour trouver la véritable raison de mon mécontentement.

« 1) Je me demandai tout d'abord : *Quel est vraiment le problème?* La réponse était simple : *le montant de mes commissions était loin de correspondre à la quantité considérable de mes démarches commerciales.* Chaque fois que je me présentais chez un prospect pour lui soumettre une proposition d'assurance, l'entretien se développait favorablement jusqu'au moment de la conclusion. Alors, presque régulièrement, on me disait : “ Mr. Bettger, je voudrais réfléchir encore. Revenez me voir dans quelques jours. " Or, c'était justement la perte de temps liée à ces visites renouvelées qui provoquait mon découragement.

« 2) Je me demandai ensuite : *Quelles sont les solutions possibles?* Afin de répondre à cette question, il me fallut d'abord analyser les faits. Je pris donc mon agenda et examinai les chiffres portant sur les douze derniers mois. *Et je fis alors une découverte stupéfiante* ! Soixante-dix pour cent des affaires que j'avais faites avaient été conclues dès ma première visite ! Vingt-trois pour cent à ma seconde visite. Et *sept pour cent* seulement avaient abouti lors des troisième, quatrième, cinquième visites qui consommaient mes ressources physiques et nerveuses. Je perdais la moitié de mes journées de travail pour sept pour cent de mon chiffre d'affaires !

« *3) Que fallait-il faire* ? La réponse était évidente. Je décidai d'abandonner, dès le lendemain, tout contact infructueux à la seconde démarche, et d'utiliser le temps ainsi gagné à prospecter de nouveaux clients. Les résultats dépassèrent mes espoirs les plus optimistes. En très peu de temps, le rapport moyen de mes visites fut doublé. »

Frank Bettger devint l'un des vendeurs d'assurances les plus connus aux Etats-Unis. Et cependant, il avait été sur le point de renoncer à son métier et d'admettre son échec. L'*analyse* raisonnée de sa situation le lança sur la route du succès.

Pouvez-vous appliquer ces questions à vos problèmes professionnels et extra-professionnels? Elles *peuvent* fort bien éliminer cinquante pour cent de votre stress.

Principe n° 7

Notez les réponses à ces quatre questions clés.

1) **Quel est le problème?**
2) **Quelles sont les causes du problème?**
3) **Quelles sont les solutions possibles?**
4) **Quelle est la meilleure solution?**

TROISIÈME PARTIE

COMMENT BRISER LE STRESS AVANT QU'IL NE VOUS BRISE

CHAPITRE 8

COMMENT CHASSER LES IDÉES NOIRES

Il y a quelques années, dans un de mes stages, un homme raconta que, par deux fois en l'espace d'un an, la fatalité s'était abattue sur sa famille. Tout d'abord la perte de sa fille, âgée de cinq ans. A ce moment-là, ils crurent, sa femme et lui, qu'ils ne pourraient surmonter ce choc. Six mois plus tard, ils eurent une autre petite fille, que la maladie emporta en cinq jours.

« Ce double deuil fut trop pour moi. Je n'arrivais pas à retrouver mon équilibre, je ne pouvais ni dormir, ni manger, ni même me reposer, ni me détendre. Mes nerfs étaient ébranlés et ma confiance anéantie. Finalement, je me décidai à consulter des médecins; l'un d'eux recommandait des somnifères, un autre suggérait un voyage. J'essayai les deux, mais sans succès. J'avais continuellement l'impression d'être pris dans un étau. C'était l'effet de la tension nerveuse provoquée par un grand chagrin. Ceux d'entre nous qui ont été en quelque sorte paralysés par le choc d'un événement douloureux connaissent cette sensation pénible. Mais, Dieu merci, il me restait encore un enfant, mon fils, âgé de quatre ans. C'est lui qui m'a donné la solution.

« Un jour, comme j'étais prostré dans mon fauteuil, accablé de douleur, il me demanda : " Dis, papa, tu ne voudrais pas me faire un bateau? " Je n'avais vraiment aucune envie de faire un bateau; en fait, je n'avais pas envie de faire quoi que ce soit. Mais mon fils est un petit bonhomme tenace et je dus m'incliner. Faire ce jouet me prit environ trois heures. Une fois le bateau terminé, je me rendis compte que ces trois heures avaient été, depuis

des mois, mes premières heures de détente et de paix intérieure!
« Cette découverte m'arracha à ma léthargie et m'amena à réfléchir: mes premières réflexions sensées depuis bien longtemps. Je compris qu'il est difficile d'être angoissé quand on est absorbé par une activité exigeant concentration et réflexion. Dans mon cas, c'était la construction de ce bateau qui avait brisé le " charme maléfique ". Je résolus donc de ne plus rester inactif. Le lendemain soir, je parcourus la maison, pièce par pièce, et dressai une liste de petits travaux à entreprendre : volets, marches d'escalier, loquets, serrures, robinets qui gouttaient... Aussi étonnant que cela puisse paraître, j'étais arrivé, au bout d'une semaine, à trouver 242 réparations à faire!
« Durant ces deux dernières années, j'en ai achevé la totalité. En outre, j'ai rempli ma vie d'activités stimulantes. Deux fois par semaine, je viens à New York suivre des stages. Dans ma ville, je m'occupe de différentes œuvres, je suis président d'une association de parents d'élèves. Je collecte de l'argent pour la Croix Rouge. Et finalement, je suis bien trop occupé pour avoir le temps de ruminer mon chagrin. »

Voilà donc le grand remède! Ce sont d'ailleurs exactement les paroles de Churchill quand, au moment le plus critique de la guerre, alors qu'il travaillait dix-huit heures par jour, un journaliste lui demanda s'il était tourmenté par le fardeau écrasant de ses responsabilités : « Je suis bien trop occupé pour avoir le temps de me tourmenter », répondit-il.

Charles Kettering s'est trouvé dans une situation comparable. Il s'était mis en tête d'inventer un démarreur automatique. A cette époque-là, il était si pauvre qu'il devait se contenter d'un coin de grange en guise d'atelier. Pour vivre, il dépensa quinze cents dollars épargnés par sa femme et emprunta cinq cents dollars.
J'ai demandé un jour à Mrs. Kettering si, durant ces années critiques, elle s'était souvent tourmentée. « Et comment! répondit-elle. J'étais tellement inquiète que je n'arrivais plus à dormir. Mais mon mari, lui, ne manifestait aucune inquiétude; il était complètement absorbé par son travail. » Lorsqu'il prit sa retraite, Charles Kettering était devenu vice-président et directeur de la recherche de la General Motors.

Pasteur a parlé de « la paix que l'on trouve dans les bibliothèques et les laboratoires ». Pourquoi la paix règne-t-elle particulièrement dans ces endroits-là? Parce que les hommes que l'on y rencontre sont en général concentrés sur leurs travaux.
Comment un remède aussi simple qu'un travail intense suffit-il à chasser l'anxiété? Tout simplement parce qu'aucun cerveau humain, si brillant soit-il, ne peut penser sérieusement à plus d'une chose à la fois. Vous n'en êtes pas si sûr? Eh bien, procédons à une petite expérience.
Calez-vous confortablement dans votre fauteuil, fermez les yeux et essayez de vous concentrer simultanément sur la statue de la Liberté et sur vos projets de la journée. Allez-y, essayez. Vous constatez, n'est-ce pas, que vous pouvez penser *alternativement* à l'un ou l'autre de ces sujets, mais jamais aux deux en même temps? C'est également vrai pour les émotions. Il est impossible d'être en même temps plein d'enthousiasme pour une occupation passionnante et de se sentir abattu par le chagrin. Une émotion chasse l'autre.

Ce fut d'ailleurs grâce à cette découverte que les psychiatres de l'armée américaine purent accomplir des miracles pendant la dernière guerre. Aux soldats qui revenaient du front en état de choc nerveux, les médecins prescrivaient une occupation permanente. La « cure » consistait, du réveil au coucher, en une suite d'activités au grand air, telles que pêche, chasse, sport, photographie, jardinage, danse. On ne leur laissait pas le temps de ruminer leurs épreuves. La psychiatrie recourt fréquemment à cette « thérapie de l'action ».

Cinq cents ans avant Jésus-Christ, les médecins de l'ancienne Grèce la conseillaient déjà. A l'époque de Benjamin Franklin, les Quakers de Philadelphie l'appliquaient couramment. En 1774, un voyageur, visitant une de leurs maisons de santé, fut choqué de voir que les personnes atteintes de maladies mentales étaient occupées à tisser du chanvre. Il crut qu'on les exploitait, mais les Quakers lui expliquèrent que le travail améliorait l'état des malades, apaisait leur surexcitation. N'importe quel psychiatre vous dira aujourd'hui qu'une occupation constante est un des meilleurs traitements pour soulager les troubles nerveux.

Henry Longfellow, le grand poète américain, fit cette constatation après avoir perdu sa femme. Celle-ci faisait fondre de la cire à cacheter, à l'aide d'une bougie, quand ses vêtements prirent feu. Longfellow entendit ses cris et accourut; mais trop tard, la jeune femme succomba à ses brûlures. Pendant longtemps, le poète fut tellement hanté par le souvenir de cet accident tragique qu'il en perdit presque la raison. Heureusement pour lui, ses trois enfants avaient besoin de ses soins. Malgré son chagrin, Longfellow s'efforça de remplacer la mère disparue. Il les emmenait en promenade, leur racontait des histoires, jouait avec eux; il entreprit par ailleurs de décrire cette nouvelle intimité, en composant un poème, *L'Heure des enfants*. Il traduisit également l'œuvre de Dante; et toutes ces occupations l'absorbèrent à tel point qu'il oublia peu à peu son chagrin et retrouva la paix. Comme l'a bien formulé Tennyson, le poète anglais, après la mort de son meilleur ami : « Je dois m'absorber dans l'action pour ne pas tomber dans le désespoir. »

En général, nous n'avons guère de mal à « nous absorber dans l'action » tant que nous sommes dans le harnais, attelés à notre quotidien. Ce sont les heures creuses qui nous exposent au danger. C'est justement lorsque nous sommes libres, que nous avons la possibilité de profiter de nos loisirs et que, logiquement, nous devrions être heureux, c'est à ces moments-là que nous risquons de « broyer du noir ». Alors, nous commençons à nous demander si nous allons « arriver à quelque chose dans la vie », si nous ne nous trouvons pas dans une ornière, si le patron n'avait pas « voulu dire quelque chose » en faisant cette remarque ou si nous perdons notre charme.

Lorsque nous ne sommes pas occupés, notre esprit se vide. Et tout étudiant en physique sait que « la nature a horreur du vide ». L'esprit vide s'ouvre largement aux émotions primaires telles que l'inquiétude, la crainte ou même la haine, la jalousie, l'envie. Ces émotions renferment une force telle qu'elles tendent à chasser les sentiments paisibles et heureux.

James Mursell, professeur de pédagogie à Columbia, a parfaitement formulé cette constatation : « Ce n'est pas quand vous agissez que vous risquez le plus d'être stressé, mais lorsque vous avez achevé le travail de la journée. A ce moment-là, votre imagination est libre de s'affoler, d'évoquer toutes sortes d'éventualités risibles, ou de grossir démesurément l'incident le plus infime. Votre esprit ressemble alors à un moteur tournant à vide. Il s'emballe et risque de chauffer anormalement. Le meilleur remède pour combattre le stress, c'est de se plonger dans un travail absorbant et constructif. »

Il n'est pas nécessaire d'être professeur pour reconnaître cette vérité et agir en conséquence. Une femme me raconta comment elle fit cette découverte toute seule. Son fils s'était engagé le lendemain de l'attaque de Pearl Harbor. L'inquiétude de la mère pour cet enfant unique avait failli ruiner sa santé. Où était-il? Etait-il en danger? Allait-il être blessé? Ou tué?
Comment avez-vous réussi finalement à chasser cette angoisse? « En cherchant à m'occuper, m'expliqua-t-elle. Je commençai par congédier la femme de ménage, dans l'espoir qu'en faisant seule la cuisine et l'entretien, j'arriverais à être prise du matin au soir. Mais ce genre de travail ne m'aida pas beaucoup. Je pouvais m'en acquitter presque machinalement, sans le moindre effort mental, de sorte que je continuais à me tourmenter. Tout en faisant les lits et la vaisselle, je me rendais compte qu'il me fallait un travail nouveau qui m'occuperait mentalement aussi bien que physiquement, et cela durant toute la journée. Je m'engageai donc comme vendeuse dans un grand magasin. Et, cette fois, j'obtins l'effet désiré; dès le premier jour, je me trouvai dans un tourbillon d'activités. De tous côtés, les clients m'interpellaient, s'enquérant des prix, des tailles, des couleurs. Pas une seconde pour penser à autre chose qu'à mon travail. Et le soir venu, je n'avais qu'une idée : soulager enfin mes pieds endoloris. Aussitôt après le dîner, je me couchais et sombrais dans le sommeil. Je n'avais plus le temps ni la force de me tourmenter. »

Récemment, Osa Johnson me raconta comment elle s'était libérée d'un profond chagrin. L'explorateur Martin Johnson l'épousa quand elle n'avait que seize ans, l'arrachant de sa petite ville natale du Kansas pour l'emmener dans la jungle de Bornéo. Pendant un quart de siècle, le couple voyagea sans cesse, tournant des films documentaires sur la vie de tribus reculées d'Asie et d'Afrique.

De retour aux Etats-Unis, ils entreprirent une tournée de conférences et de projections. Un jour, alors qu'ils se rendaient en avion de Denver à la côte atlantique, l'appareil s'écrasa contre le flanc d'une montagne. Martin Johnson fut tué sur le coup; quant à sa femme, les médecins déclarèrent qu'elle resterait clouée au lit pour le reste de ses jours. Ils la connaissaient mal. Trois mois plus tard, en fauteuil roulant, elle fit sa première conférence. Elle devait en faire une centaine d'autres au cours de l'année, toujours en fauteuil roulant. Comme je lui demandais pourquoi tant de zèle, elle répondit : « Afin de ne pas avoir le temps de m'abîmer dans le chagrin. »

Un autre explorateur, l'amiral Byrd, fit la même constatation durant les cinq mois qu'il passa, complètement seul, dans une cabane enfouie dans l'immense calotte de glace qui recouvre les abords du pôle Sud. Byrd vécut cinq mois dans ce désert inhumain. Le froid était si intense qu'il pouvait voir son haleine s'échapper en minuscules cristaux de glace. Dans son livre *Solitude*, Byrd parle surtout de l'obscurité continuelle, démoralisante, qui subsistait pendant tout son séjour. Aucune différence entre la nuit et le jour. Il était obligé de s'occuper constamment pour conserver son équilibre mental.
« Le soir, raconte-t-il, avant de souffler la lanterne, je dressais régulièrement le plan de mes occupations du lendemain. C'est-à-dire que je m'assignais, par exemple, une heure pour déblayer le tunnel de secours, une demi-heure pour aplanir la neige, une heure pour redresser les fûts d'essence, une autre pour tailler des rayons dans les parois de glace du tunnel à provisions, deux heures pour réparer une latte du grand traîneau... C'était merveilleux de pouvoir distribuer ainsi le temps. Ce système me donnait une sensation extraordinaire de maîtrise de moi-même. Sans cela, mes journées auraient été sans but et je me serais désintégré. »

Chaque fois que nous sommes inquiets, rappelons-nous que le simple fait de travailler peut constituer une excellente solution.

Mr. Longman participait, voilà quelque temps, à un de mes séminaires. Voici son histoire : « Il y a maintenant dix-huit ans, j'étais tellement stressé que je n'arrivais plus à dormir. J'étais continuellement crispé, irritable. J'avais d'ailleurs de bonnes raisons d'être inquiet. J'étais à ce moment-là directeur commercial de la Société Fruitière et nous venions d'investir un demi-million de dollars dans une commande de fraises que notre usine devait conditionner dans des boîtes métalliques. Depuis vingt ans, nous vendions ces boîtes de fraises aux fabricants de glaces. Brusquement, cette année-là nos ventes s'arrêtèrent, parce que les gros fabricants de glaces avaient augmenté leur productivité en achetant des fraises livrées en tonneaux.

« Ce n'était pas tout! En plus de la certitude de voir ces cinq cent mille dollars de fraises nous rester sur les bras, nous nous étions engagés, par contrat, à en acheter encore pour un million de dollars au cours des douze mois à venir. Nous avions déjà emprunté 350 000 dollars que nous n'étions pas en mesure de rembourser, sans parler d'obtenir d'autres crédits. Ma panique ne s'expliquait que trop bien.

« Je me précipitai à l'usine, et j'essayai de persuader notre président que les circonstances ayant brusquement changé, nous risquions la faillite. Mais il refusa catégoriquement de me croire et rendit notre bureau de New York responsable de la situation. " Ce sont de mauvais vendeurs, tout simplement ", déclara-t-il. Après plusieurs jours de discussions, je pus enfin le convaincre d'arrêter la mise en boîte des fraises et de vendre les nouveaux arrivages au marché des fruits frais de San Francisco. Cela mit fin à presque toutes nos difficultés. En toute logique, j'aurais dû cesser de me tracasser; mais je ne le pouvais pas. Se tourmenter est, au fond, une habitude et je l'avais prise.

« De retour à New York, je recommençai à m'inquiéter à tout propos : les cerises que nous achetions en Italie, les ananas qu'on nous expédiait de Hawaï, et ainsi de suite. J'étais tendu, stressé, incapable de dormir, mûr pour la dépression nerveuse.

« Finalement, j'ai adopté une façon de vivre qui allait me rendre le sommeil et, surtout, m'empêcher de me tourmenter. Je me suis mis au travail, m'attaquant à des problèmes qui mobilisaient toutes mes facultés, tant et si bien que je n'avais plus le temps de m'inquiéter. Alors qu'autrefois, j'avais travaillé huit heures par jour, j'en faisais maintenant quinze à seize. Chaque matin, j'arrivais à

mon bureau à huit heures et y restais jusqu'aux environs de minuit. Je me chargeais continuellement de nouvelles responsabilités. Lorsque je rentrais chez moi, vers une heure du matin, j'étais tellement épuisé qu'au moment même où je m'affalais sur mon lit, je m'endormais.
« J'ai maintenu ce régime forcé durant trois mois. Ensuite, ayant réussi à me débarrasser de l'habitude de me stresser, je revins à la journée normale de huit heures de travail. C'était il y a dix-huit ans. Depuis, je ne me suis plus jamais tracassé, et je n'ai plus jamais souffert d'insomnie. »

George Bernard Shaw avait raison quand il disait : « *On se sent malheureux lorsqu'on a assez de loisirs pour se demander si, oui ou non, on est heureux.* » Ne nous inquiétons jamais de cela! Retroussons nos manches, et au travail! Notre sang circulera plus vite, notre esprit fonctionnera plus vite, et très rapidement, cette puissante montée de sève vitale chassera le stress. C'est la méthode la moins coûteuse, et l'une des plus efficaces!

Principe n° 8
Occupez-vous constamment.

CHAPITRE 9

GARE AUX PETITS ENNUIS QUI GÂCHENT LA VIE

Voici un récit dramatique, une de ces histoires qu'on n'oublie jamais. C'est une aventure réelle vécue par Robert Moore, habitant Maplewood, dans le New Jersey.

« J'ai reçu la plus grande leçon de ma vie en mars 1945. Une leçon apprise sous l'eau, à une profondeur de cent mètres, au large des côtes indochinoises. Je faisais partie de l'équipage du sous-marin *Baya*. Nous étions quatre-vingt-huit hommes à bord. Nous avions repéré au radar un petit convoi japonais qui approchait de nous. A l'aube, nous plongeons pour passer à l'attaque. Par le périscope, je peux voir un destroyer japonais, un bateau-citerne, et un mouilleur de mines. Nous lançons trois torpilles sur le destroyer, mais toutes manquent le but. Le destroyer continue sa route, sans se rendre compte qu'il a été attaqué. Nous visons alors le dernier bâtiment, le mouilleur de mines, quand, tout à coup, celui-ci change de cap et vient droit sur nous. A moins de vingt mètres sous l'eau, nous avions dû être repérés par un avion ennemi.

« Pour nous mettre hors de portée, nous descendons à cinquante mètres, en état de défense contre les grenades sous-marines. Nous plaçons des verrous supplémentaires sur les panneaux d'écoutille et, pour rendre le bâtiment complètement silencieux, nous arrêtons les ventilateurs, la réfrigération et tous les appareils électriques.

« Trois minutes plus tard, l'enfer se déchaîne. Six grenades sous-marines explosent autour de nous et poussent le sous-marin vers le fond, à quatre-vingts mètres. Nous sommes terrifiés. Toute attaque à une profondeur inférieure à trois cents mètres est dangereuse, à moins de

cent cinquante mètres, elle est presque toujours fatale. Durant quinze heures, le mouilleur de mines continua inlassablement à lâcher ses grenades sous-marines. Or, il suffit qu'une grenade explose à moins de cinq mètres pour ouvrir une brèche. Les explosions se rapprochaient de plus en plus. Ordre de nous allonger dans nos couchettes et d'y rester sans bouger. J'étais terrorisé et pouvais à peine respirer.
« Nous sommes fichus, me disais-je sans cesse, cette fois, nous sommes fichus. Comme nous avions arrêté les ventilateurs et le système de réfrigération, la température à l'intérieur du sous-marin atteignait presque 40 degrés; mais la peur me glaçait à tel point que je mis une veste doublée de fourrure; je claquais encore des dents, couvert de sueurs froides. Au bout de quinze heures, l'attaque cessa brusquement. Le Japonais devait avoir épuisé sa provision de grenades.
« Ces quinze heures m'ont semblé durer des siècles. Toute ma vie est repassée devant mes yeux. Je me suis rappelé toutes mes erreurs, et aussi toutes les bagatelles, les futilités qui m'ont tracassé. Avant ma mobilisation, j'avais été employé de banque. Je me lamentais alors sur la durée du travail, le salaire, les possibilités d'avancement limitées. Je me tourmentais parce que je n'arrivais pas à acheter une maison, une nouvelle voiture ou les robes que j'aurais voulu offrir à ma femme. J'avais détesté mon patron, toujours critique et mécontent. Je me souvenais des soirées où, rentrant à la maison fatigué et de mauvaise humeur, je me disputais avec ma femme sans véritable prétexte. J'étais même préoccupé par une cicatrice au front, une coupure laissée par un accident de voiture. Tous ces ennuis m'avaient paru importants à cette époque-là! Comme ils semblaient ridicules maintenant, sous les grenades. Je me jurai alors de ne jamais, plus jamais me tracasser si je restais en vie... Durant ces quinze heures, enfermé dans ce cercueil d'acier, j'en ai appris davantage sur l'art de vivre qu'en quatre ans d'université. »

Souvent, une personne fait face aux grandes catastrophes de la vie avec courage, mais se laisse abattre par les « coups d'épingle » que sont les bagatelles.

L'amiral Byrd eut l'occasion de constater cette particularité du caractère humain lors de son expédition au pôle

Sud. Ses hommes se préoccupaient bien plus des « coups d'épingle » que des questions vraiment importantes. Ils supportaient, sans jamais se plaindre, les épreuves, le froid impitoyable, souvent 45 degrés au-dessous de zéro. « Mais, relate Byrd, j'ai vu deux de mes hommes qui partageaient la même couchette ne plus s'adresser la parole parce que chacun soupçonnait l'autre de faire déborder son paquetage de quelques centimètres sur l'espace réservé à ses propres affaires. Dans un campement polaire, des bagatelles de ce genre peuvent pousser même des hommes très disciplinés aux limites de la démence. » Il aurait pu ajouter que, dans un ménage, des « bagatelles de ce genre » poussent également les époux au divorce. C'est ce que disent les experts conjugaux. Par exemple le juge Joseph Sabbath, qui a vu défiler dans son « cabinet des conciliations » environ quarante mille couples souhaitant divorcer, déclare : « Presque toujours, ce sont des futilités que l'on trouve à la base des dissensions conjugales. »

Et Frank Hogan, procureur général, va même plus loin : « Au moins cinquante pour cent des affaires jugées par nos tribunaux criminels naissent de faits insignifiants. Des scènes de ménage, une remarque injurieuse, une parole blessante, un geste brutal, la vantardise, voilà quelques-unes des bagatelles qui conduisent tant de gens au tribunal. Peu d'entre nous subissent un sort cruellement injuste. Ce sont les égratignures de notre fierté, les petites vexations, les " piques " lancées à notre orgueil qui sont responsables de la moitié de nos rancœurs. »

Au début de son mariage, Eleanor Roosevelt se tourmentait pendant des jours parce que son nouveau cuisinier avait raté un plat. « Si la même chose se produisait aujourd'hui, disait-elle, je hausserais les épaules et n'y penserais plus. » Voilà ce que j'appelle se conduire en adulte au point de vue émotif. Mais tout le monde n'a pas autant de sagesse. Je me souviens d'un dîner auquel nous assistions, ma femme et moi, chez un de nos amis. Notre hôte, en découpant le rôti, eut le malheur de commettre je ne sais quelle maladresse insignifiante. Je ne m'en étais même pas aperçu, et, de toute façon, n'y aurais attaché aucune importance. Mais sa femme l'avait remarqué et le reprit devant tous les invités. « John, s'écria-t-elle, fais

donc attention, tu ne sauras donc jamais découper convenablement! »
Puis se tournant vers nous, elle crut nécessaire d'ajouter : « Il ne fait que des bêtises, et tout ça parce qu'il ne veut pas se donner la peine d'essayer. » Peut-être, en effet, mon pauvre ami n'essayait-il guère d'apprendre à découper un rôti, par exemple, mais je lui tire mon chapeau pour sa patience envers sa femme.

Voici un vieil adage juridique : *De minimis non curat lex* – la loi ne s'occupe pas de vétilles. Faisons de même, nous aussi, et nous garderons notre tranquillité d'esprit.

Pour calmer l'irritation causée par une futilité, il suffit souvent d'adopter un point de vue différent et moins déplaisant. Mon vieil ami Homer Croy, auteur d'une douzaine de romans, m'a donné un excellent exemple pour illustrer cette méthode.
Lorsqu'il travaillait à ses livres, dans son appartement de New York, le bruit que faisait la vapeur dans ses radiateurs le rendait fou de colère et l'empêchait d'écrire. « Or, raconte-t-il, un jour, je partis avec quelques amis faire du camping. Comme, le soir venu, j'écoutais craquer les branches sèches dans le feu que nous avions allumé, je m'aperçus soudain que ce bruit plaisant ressemblait étrangement à celui de la vapeur dans mes radiateurs. Pourquoi donc aimer l'un et détester l'autre? Je décidai de ne plus m'énerver à cause de ce bruit, et, à ma grande surprise, n'eus aucun mal à y arriver. Pendant quelques jours, j'entendis encore vaguement mes radiateurs; puis, je n'y pensai même plus. »

C'est ce qui se passe pour la plupart de nos petits tracas. Nous sortons de nos gonds, tout simplement parce que nous en exagérons l'importance... Disraeli a dit : « **La vie est trop brève pour être petite.** » « Ces mots, disait André Maurois, m'ont aidé à surmonter bien des déconvenues. Souvent nous nous laissons désarçonner par des vétilles que nous devrions ignorer... Nous avons peut-être encore quelques dizaines d'années à vivre et nous gaspillons des heures irremplaçables à ressasser des rancœurs qui, dans bien des cas, seront oubliées de tous. Emplissons notre vie d'activités, de sentiments qui en valent la peine, de grandes idées, de vraies affections et d'entreprises durables. Car la vie est trop brève pour être petite. »

Cela paraît évident, mais même un homme aussi exceptionnel que Rudyard Kipling oubliait parfois cette vérité. L'histoire d'une véritable bataille juridique entre Kipling et son beau-frère est si typique qu'elle mérite d'être rapportée.
Après son mariage avec Caroline Balestier, Kipling fit construire une jolie demeure à Brattleboro dans le Vermont, et s'y installa, bien décidé à y passer le reste de sa vie. Son beau-frère, Beatty Balestier, devint son meilleur ami. Ils travaillaient, chassaient et se promenaient ensemble. Puis Kipling acheta une prairie faisant partie de la propriété de son beau-frère, avec la réserve que celui-ci conservait le droit d'y couper le foin chaque été. Or, un beau jour, Balestier vit Kipling occupé à planter des parterres de fleurs dans cette prairie. Son sang ne fit qu'un tour et perdant toute mesure, il se mit à hurler. Kipling sortant de ses gonds, rendit injure pour injure. Quelques jours plus tard, comme Kipling partait se promener à bicyclette, son beau-frère poussa brusquement un lourd chariot en travers de la route, forçant Kipling à se jeter dans le fossé. Et Kipling, qui avait écrit : « Si tu es capable de garder ton sang-froid quand tous perdent la tête autour de toi et te reprochent ton calme... Tu seras un homme », Kipling perdit son sang-froid au point de demander l'arrestation de Balestier.
Il s'ensuivit un procès retentissant. Finalement, le juge renvoya les deux hommes dos à dos. Cette dispute amena Kipling et sa femme à abandonner leur résidence américaine; plus jamais, ils n'y mirent les pieds. Tant d'amertume et de haine pour une cause aussi insignifiante : un parterre de fleurs!

Périclès disait, il y a vingt-cinq siècles : « Nous nous attardons trop à des futilités! » C'est en effet ce que nous faisons souvent.

Pour clore ce chapitre, encore une petite histoire qui m'a paru intéressante et instructive, l'histoire des batailles gagnées et perdues par un géant de la forêt. Sur une pente du Colorado, gisent les restes d'un arbre gigantesque. Les botanistes ont calculé qu'il avait dressé sa cime orgueilleuse durant quatre siècles. C'était probablement un arbrisseau lorsque Christophe Colomb découvrit l'Amérique. Au cours de sa longue existence, il fut frappé quatorze fois par la foudre, survécut aux innombrables avalanches, aux orages et aux tempêtes. Mais le géant s'effondra sous l'attaque d'une armée d'insectes, qui se frayèrent un chemin à travers l'écorce et, par leurs morsures infiniment faibles mais incessantes, détruisirent sa force. Le titan de la forêt s'est écroulé, vaincu par des bestioles si petites qu'un enfant pourrait les écraser entre ses doigts.

Ne pensez-vous pas que nous ressemblons tous à ce géant végétal ? Nous arrivons, le plus souvent, à survivre d'une manière ou d'une autre aux rares tempêtes, avalanches, coups de foudre que nous réserve l'existence, pour nous laisser miner et abattre par les petits tracas, les petits ennuis qui rongent lentement mais sûrement.

Principe n° 9
Ne vous tracassez pas pour des bagatelles.

CHAPITRE 10

UNE TECHNIQUE ANTI-STRESS

Un jour, tout enfant, j'aidais ma mère à dénoyauter des cerises quand, tout à coup, je fondis en larmes. Elle me demanda : « Mais, voyons, pourquoi pleures-tu? – Je répondis : J'ai peur d'être enterré vivant! »
A cette époque-là, j'étais en proie à toutes sortes d'angoisses. A chaque orage, je redoutais la foudre. Lorsque la récolte était mauvaise, j'étais hanté par l'idée que, peut-être, nous n'aurions pas assez à manger. Je tremblais en pensant qu'après ma mort, j'irais en enfer. J'avais des sueurs froides en me disant qu'un de ces jours, Sam, qui avait quelques années de plus que moi, allait couper mes grandes oreilles, comme il menaçait de le faire! Je craignais de voir les filles du village rire de moi si je les saluais. Je pensais qu'aucune d'elles ne voudrait un jour m'épouser, et que, de toute façon, je ne trouverais rien à lui dire sur le trajet de la petite église jusqu'à notre ferme. Tout en marchant derrière la charrue, je ruminais cette question pendant des heures.

Au fil des ans, j'ai découvert que 99 % des choses qui me stressaient n'arrivaient jamais.

Par exemple, j'avais eu, étant enfant, une peur terrible des éclairs; à présent, je sais que, d'après les statistiques officielles, le risque d'être frappé par la foudre n'est que de 1 sur 350 000. Quant à ma crainte d'être enterré vivant, elle était encore plus absurde; je ne pense pas que pareil drame soit arrivé à une personne sur dix millions. En revanche, une personne sur huit meurt d'un cancer. Si

j'avais une vraie raison de me tourmenter, j'aurais dû redouter le cancer, plutôt que craindre d'être frappé par la foudre ou d'être enterré vivant.
Bien sûr, les tourments dont je viens de parler sont ceux de l'enfance ou de l'adolescence. Mais nos angoisses d'adultes sont souvent tout aussi risibles. Nous pourrions probablement éliminer les neuf dixièmes de nos inquiétudes si nous cessions de nous tracasser assez longtemps pour vérifier si, d'après le *calcul des probabilités,* nos préoccupations reposent sur une base réelle.

La célèbre compagnie d'assurances Lloyd de Londres a bâti sa grande fortune sur la tendance des gens à se protéger de malheurs qui se réalisent rarement. *Lloyd parie avec ses clients que les catastrophes redoutées ne se produiront pas. On ne parle pas de paris, mais d'assurances. En réalité, il s'agit bel et bien de paris, fondés sur le calcul des probabilités.* Il y a plus de deux siècles que cette compagnie prospère en assurant bateaux, vêtements, timbres-poste... contre les désastres qui, *selon le calcul des probabilités,* se produisent bien moins souvent que les gens ne l'imaginent.

J'ai écrit plusieurs chapitres de ce livre dans un charmant hôtel sur les bords du lac de l'Arc dans les montagnes Rocheuses du Canada. C'est là que je fis la connaissance de Mr. et Mrs. Salinger, de San Francisco. Mrs. Salinger, une femme pondérée, sereine, me fit l'impression d'être une de ces natures heureuses sur lesquelles les soucis n'ont aucune prise. Un soir, comme nous étions réunis autour de la cheminée, je lui demandai s'il lui était déjà arrivé d'être stressée.
« Si cela m'est déjà arrivé? fit-elle. Mais, cher monsieur, toute mon existence a failli être ruinée par le stress. J'ai enduré pendant onze ans un véritable enfer – un cauchemar que j'avais créé moi-même – avant d'apprendre à le vaincre. J'étais à cette époque extrêmement irritable. Je vivais continuellement sous pression. Par exemple, je me rendais une fois par semaine de San Mateo, où nous habitions alors, à San Francisco pour faire mes achats. Mais en courant les magasins, je me mettais dans un état épouvantable. N'avais-je pas oublié de débrancher le fer à repasser? Peut-être en ce moment même, la maison était-elle en flammes? Peut-être la bonne avait-elle profité de

mon absence pour sortir en laissant les enfants seuls? Peut-être étaient-ils partis à bicyclette, et avaient-ils été renversés par un chauffard? Parfois, au beau milieu d'une discussion avec une vendeuse, j'avais des sueurs froides dans le dos; alors, je rentrais précipitamment pour voir si tout allait bien. Rien d'étonnant à ce que, dans ces conditions, mon premier mariage fût un échec.

« Mon second mari est avocat, un homme calme, doué d'un esprit analytique, et qui ne se tracasse jamais. Chaque fois qu'au début de notre union, je recommençais à perdre le contrôle de mes nerfs, il me disait : " Voyons, détends-toi. Examinons cette affaire d'un peu plus près. Quelle est la raison exacte de ton inquiétude? Appliquons le calcul des probabilités, et nous allons bien voir si tes craintes risquent vraiment de se réaliser. "

« J'ai encore en mémoire le terrible orage qui nous surprit alors que nous roulions sur une route de terre battue. Notre voiture patinait et dérapait. J'étais certaine que nous allions glisser dans le fossé; mais mon mari me répétait sans cesse : " Ne te stresse pas. Nous ne courons aucun danger vraiment grave. Même si nous devons nous retrouver dans le fossé, nous ne risquons guère, d'après le calcul des probabilités, d'être blessés. " Son calme et son assurance inébranlables apaisèrent ma frayeur.

« Un autre été, nous faisions du camping dans les montagnes Rocheuses. Une nuit, alors que nous nous trouvions à une altitude de deux mille mètres, une tempête menaça de déchirer nos tentes, dressées sur une plateforme en planches et attachées avec des cordes. La toile se tendait, tremblait et gémissait tant que je m'attendais à chaque instant à la voir céder. J'étais terrifiée.

« Mon mari, pendant ce temps, m'expliquait calmement : " Voyons, ma chérie, nous sommes accompagnés dans cette excursion par des guides expérimentés. Ces hommes-là savent ce qu'ils font. Depuis vingt ans, ils dressent des tentes dans ces montagnes. Celle qui nous abrite se trouve au même endroit depuis plusieurs années. Or, elle n'a encore jamais été emportée et, en toute probabilité, elle ne le sera pas non plus cette nuit. Même si cela devait arriver, nous pourrions toujours nous réfugier dans une des autres tentes. Alors, calme-toi... " Et il réussit si bien à me rassurer que je m'endormis pour me réveiller seulement le lendemain matin.

« Il y a quelques années, une épidémie de paralysie infantile se déclara en Californie. Autrefois, j'aurais eu, en apprenant cette nouvelle, une véritable crise de nerfs. Mais mon mari parvint à me persuader d'agir avec sang-froid. Nous prîmes toutes les précautions en notre pouvoir, c'est-à-dire que nous gardâmes nos enfants à la maison, pas de sorties, pas d'école, ni de cinéma. En consultant les statistiques de l'Office de la Santé publique, nous découvrîmes que, même lors de l'épidémie la plus grave en Californie, on avait compté seulement 1 835 cas dans l'Etat tout entier, et lors d'épidémies moins virulentes, seulement de 200 à 300. Malgré ces chiffres tragiques, la probabilité de voir un de nos enfants atteint de ce mal était minime.

« " D'après le calcul des probabilités, cela n'arrivera pas. " Cette simple phrase a chassé radicalement 90 % de mon stress; elle a rendu mon existence, pendant ces vingt dernières années, beaucoup plus belle et plus sereine. »

Une histoire analogue m'a été racontée par Mr. Grant, propriétaire d'une importante maison de fruits en gros de New York. Jim Grant achète régulièrement, en Floride, des oranges et des pamplemousses par wagons entiers, dix ou quinze à la fois. Or, il avait la manie de se torturer l'esprit, imaginant le train dérailler et ses fruits s'éparpiller ou un pont s'effondrer au moment où ses camions le franchissaient. Les fruits étaient assurés, bien sûr; mais il redoutait toujours un retard de livraison qui lui aurait fait perdre des clients. Bref, il était si angoissé qu'il crut avoir un ulcère de l'estomac et consulta un médecin. Celui-ci lui assura qu'à part l'état de ses nerfs, il était en parfaite santé.

« Ce fut à ce moment-là, raconte Mr. Grant, que j'entrevis une lumière. Voyons, mon vieux Jim, me dis-je, combien de wagons de fruits as-tu achetés depuis la création de ta société? Environ vingt-cinq mille. Très bien, et sur ces vingt-cinq mille chargements, combien ont été accidentés? Oh, peut-être cinq. Cinq seulement, sur vingt-cinq mille? Te rends-tu compte de ce que cela signifie? Une proportion de un sur cinq mille! Puis je me dis : un pont peut s'écrouler. Combien de camions as-tu déjà perdus par l'effondrement d'un pont? Aucun? Alors, tu es fou de t'imaginer atteint d'un ulcère, tout cela pour un pont qui ne s'est jamais écroulé, ou un déraillement qui a une chance sur cinq mille de se produire. Considéré sous cet angle, mon stress me semblait finalement plutôt dérisoire. Je résolus de laisser désormais les probabilités faire autorité. Depuis, mon " ulcère " ne s'est plus jamais manifesté ! »

Quand Al Smith était gouverneur de New York, je l'ai entendu répondre aux attaques de ses adversaires en répétant sans cesse : « Voyons la réalité... rien que la réalité. » Ensuite, il énonçait les faits. La prochaine fois que nous serons inquiets au sujet de ce qui pourrait peut-être se produire, suivons donc ce sage conseil : mesurer la réalité et les raisons de nos craintes. C'est ce que fit Frédéric Mahlstedt, un des premiers soldats américains à débarquer sur le sol français. Il raconta cette expérience lors d'un stage :

« En juin 1944, je suis tapi dans un trou près d'Omaha Beach. Je fais partie de la 99e compagnie de transmissions et nous venons de nous " enterrer " dans le sable de cette grève normande. Je regarde mon " abri ", un simple trou rectangulaire, et je me fais la réflexion : " on dirait une tombe ". Le soir venu, je m'étends, j'essaie de dormir, mais l'impression d'être dans une tombe me hante : " *c'est peut-être ma tombe* ". Quand, à onze heures du matin, les bombardiers allemands apparaissent et attaquent notre position, je commence à trembler de peur. Les premières nuits, je n'arrive pas à dormir. Le cinquième jour, je suis comme une loque et, à moins de me ressaisir, je vais devenir complètement fou.

« Je me mets à réfléchir. Après avoir passé cinq nuits dans ce trou je suis toujours vivant, comme, d'ailleurs, tous les autres soldats de mon unité. Seulement deux d'entre nous sont blessés, et encore, par des éclats provenant de notre propre D.C.A. Je décide ensuite d'écarter la peur en m'attelant à une tâche constructive. Ramassant des planches solides, je les assemble en toit au-dessus de mon abri, afin de me protéger contre les éclats d'obus. Puis, je considère sans peine qu'à moins d'être atteint par un coup direct, je suis parfaitement en sécurité dans ce trou étroit; en fait le risque de recevoir directement une bombe sur la tête doit être inférieur à 1 sur 10 000. En réalisant cette faible probabilité, je me dé-stresse enfin, si bien que j'arrive ensuite à dormir même pendant les attaques aériennes. »

La Marine américaine utilise des statistiques pour assurer le moral de ses hommes. Un marin m'a raconté que ses

camarades et lui avaient été paniqués en apprenant qu'ils allaient embarquer sur un bateau-citerne transportant de l'essence-octane, mélange particulièrement inflammable. Ils étaient persuadés qu'un tel bateau sautait dès qu'une torpille l'avait atteint.
Mais la Marine avait une certaine expérience de ce type de transport. Le service des statistiques publia des chiffres précis desquels il ressortait que sur cent bateaux-citernes torpillés, soixante restaient à flot; et que sur les quarante qui coulaient, cinq seulement étaient engloutis en moins de dix minutes. L'équipage avait le temps de quitter le bâtiment et le nombre des victimes était minime. Quel fut l'effet de cette information?... « A l'instant où j'appris ces chiffres, mon stress disparut complètement », me dit mon interlocuteur. « Tout l'équipage se sentait ragaillardi. Nous savions à présent que nous avions une sérieuse chance de nous en tirer. »

« Voyons la réalité. » Est-ce que, d'après le calcul des probabilités, l'éventualité qui me préoccupe a des chances sérieuses de se produire?

Principe n° 10
Faites le calcul des probabilités
pour gérer votre stress.

CHAPITRE 11

QUE FAIRE DEVANT L'INÉVITABLE?

Quand j'étais petit, je jouais souvent avec mes camarades dans le grenier d'une vieille bâtisse abandonnée. Un jour, après m'être arrêté un instant à l'appui de la fenêtre, j'ai sauté. Au moment où je me suis élancé, une bague à mon index gauche s'est accrochée à un clou, et j'ai eu le doigt arraché. Je hurlai de douleur, complètement affolé, persuadé que j'allais mourir. Lorsque la blessure fut cicatrisée, je ne m'en souciai plus du tout. A quoi cela m'aurait-il servi?... J'acceptai l'inévitable. Il m'arrive fréquemment de rester tout un mois sans même penser qu'à la main gauche, je n'ai plus que trois doigts et le pouce.

Il y a des années, je remarquai dans l'ascenseur d'un gratte-ciel de New York que le liftier était manchot. Il avait perdu sa main gauche coupée au ras du poignet. Je lui ai demandé si la perte de sa main le préoccupait souvent. « Oh non, m'a-t-il répondu, je n'y pense presque jamais. Seulement, comme je suis célibataire, cela me gêne quand j'essaie de coudre avec du fil et une aiguille! »

La rapidité avec laquelle nous pouvons nous adapter à des circonstances nouvelles – si nous ne pouvons faire autrement – est étonnante. Je pense souvent à une inscription en flamand que j'ai trouvée au-dessus du portail délabré d'une cathédrale du xve siècle, à Amsterdam : « C'est ainsi, et cela ne peut être autrement. »
A mesure que se déroule notre existence, nous rencontrons bien des situations déplaisantes auxquelles s'applique cette phrase : c'est ainsi, et cela ne peut être

autrement. Il faut choisir. Nous pouvons ou bien les accepter telles qu'elles sont, les considérer comme inéluctables et nous y adapter, ou bien nous insurger, ruiner notre santé par une rébellion permanente.
J'admets qu'il n'est pas facile d'apprendre à accepter l'inévitable. Même les souverains doivent se dominer pour y parvenir. Le roi George V d'Angleterre avait fait accrocher dans sa bibliothèque à Buckingham Palace cette devise : « Apprenez-moi à ne pas désirer la lune, à ne pas me plaindre de l'inéluctable. » Schopenhauer a exprimé la même pensée en disant : « N'oublions surtout pas d'emporter une bonne dose de résignation parmi nos provisions pour le long voyage de la vie. »
De toute évidence, ce ne sont pas les circonstances seules qui nous rendent heureux ou malheureux. Ce sont surtout nos réactions devant ces circonstances qui déterminent notre état d'esprit. Jésus-Christ a dit que nous portons en nous-mêmes le Royaume des Cieux. Nous portons également en nous-mêmes notre propre enfer.

Nous pouvons tous fort bien supporter des catastrophes et surmonter nos malheurs, quand nous y sommes forcés. Parfois, nous pensons que nous n'y arriverons pas, mais nous possédons des réserves surprenantes de force et d'énergie qui nous permettront de nous dépasser, à condition de les utiliser. *Nous sommes plus forts que nous ne le pensons.*

Booth Tarkington avait coutume de dire : « Je suis certain de pouvoir endurer tout ce que la vie doit me réserver, sauf la cécité. Cela, je ne pourrais jamais le supporter. » Or, un jour, à soixante ans, comme il regardait distraitement le tapis de son salon, il eut l'impression de voir les couleurs se confondre. Il n'arrivait plus à en distinguer le dessin. Il s'adressa à un spécialiste et apprit la vérité : il était en train de perdre la vue. Un œil était déjà aveugle, l'autre n'allait pas tarder à le devenir. Il devait affronter l'épreuve qu'il redoutait par-dessus tout.
Quelle fut la réaction de Tarkington devant ce coup du sort ? « Cette fois, ça y est. Je suis fichu ! » Eh bien, non. A son propre étonnement, il se sentait encore heureux. L'effet de surprise passé, il retrouvait même son humour. Les « taches flottantes » qui passaient devant ses pupilles et effaçaient les objets le gênaient considérablement.

Cependant, quand la plus grosse de ces taches lui traversait la rétine, il plaisantait : « Tiens, tiens, voilà grand-père qui revient! »
Lorsque sa cécité devint totale, Tarkington déclara : « J'ai constaté que je pouvais supporter la perte de la vue aussi bien qu'un autre. Si j'avais perdu à la fois la vue, l'ouïe, l'odorat, le toucher et le goût, j'aurais encore pu vivre en me repliant sur mes pensées, mes sentiments. Car, en fin de compte, c'est notre esprit qui voit, c'est dans notre esprit que nous vivons, que nous nous en rendions compte ou non. »
Dans l'espoir de recouvrer la vue, Tarkington se soumit à plus de douze opérations en l'espace d'une seule année. Des opérations sous anesthésie locale. Pas une fois, il ne se plaignit. Il savait qu'il lui fallait passer par là. Par conséquent, le seul moyen d'apaiser quelque peu ses souffrances était de les accepter de bonne grâce.
A l'hôpital, il refusa une chambre individuelle pour être dans une salle où il pouvait trouver d'autres malades. Il s'ingénia à leur remonter le moral. « Quelle chance, disait-il, de vivre à une époque où la science permet d'opérer une chose aussi délicate que l'œil humain! »
Tout être normal, frappé de cécité et contraint d'endurer plus de douze opérations, aurait fini par être abattu. Mais pas Tarkington. Il affirmait : « Pour rien au monde, je n'aurais accepté d'échanger cette expérience contre une autre. C'est cette épreuve qui m'a appris la résignation, qui m'a montré qu'aucun problème ne saurait avoir raison de ma résistance. » Comme l'a écrit John Milton, le grand poète anglais, devenu aveugle lui aussi : « Le malheur n'est pas de perdre de la vue, mais d'être incapable de le supporter. »

Margaret Fuller, célèbre féministe de la Nouvelle-Angleterre, choisit un jour comme devise : « J'accepte l'Univers tel qu'il est. » Le vieux Carlyle, éternel ronchonneur, commenta : « Elle a intérêt! » Comprenons bien que nous aussi avons intérêt à composer avec l'inévitable.

En nous rebellant ou en nous plaignant, nous ne changerons rien, sauf nous-mêmes. J'en ai fait l'expérience. Il m'est arrivé de refuser d'accepter une situation inévitable à laquelle je devais faire face. Je me suis conduit en cette occasion comme un parfait imbécile, je me suis révolté.

Je me suis attiré une kyrielle d'ennuis que j'aurais pu éviter. Finalement, après une année éprouvante, j'ai dû accepter ce que, dès le début, je savais ne pas pouvoir changer.

Maintenant, ne croyez surtout pas que je conseille d'accepter avec résignation *tous* les coups durs. Loin de là! Ce serait du fatalisme. Tant qu'il nous reste une chance de redresser la situation, luttons! Mais, quand le bon sens nous montre que nous nous battons contre quelque chose qui « est et ne peut être autrement » alors, par pitié pour notre équilibre, cessons de nous abandonner à la nostalgie de ce qui « aurait pu être ».

A l'époque où je rassemblais ma documentation pour rédiger ce livre, j'ai interviewé nombre de leaders de premier plan. J'ai été impressionné par leur aptitude à composer avec l'inévitable et, grâce à ce principe, à dominer le stress. Dans le cas contraire, ils auraient craqué. En voici quelques exemples.

J. C. Penney, fondateur de la grande chaîne de magasins qui porte son nom, m'a déclaré : « Même si je perdais demain jusqu'à mon dernier dollar, je ne me tourmenterais pas, pour la bonne raison que je ne vois pas à quoi cela me servirait. Je travaille de mon mieux; quant aux résultats de mes efforts, je m'en remets au destin. » Henry Ford m'a dit à peu près la même chose : « Lorsque je n'arrive pas à diriger les événements, je les laisse se diriger eux-mêmes. »

Je demandai à K. T. Keller, président de Chrysler, comment il luttait contre le stress. Il répondit : « Lorsque je dois affronter une situation grave, je cherche d'abord à faire quelque chose pour améliorer cette situation et, si c'est possible, je le fais. Au contraire, si je me rends compte que tous mes efforts n'y changeront rien, je ne pense plus à cette affaire, je l'oublie tout simplement. Jamais, je ne me tracasse pour l'avenir, car je sais que personne ne peut le prévoir exactement. Cet avenir dépend d'innombrables facteurs. Or, personne ne peut les deviner. Alors, pourquoi s'énerver? »
Il est bon de redécouvrir les principes qu'Epictète enseignait à Rome, il y a dix-neuf siècles : « Il n'y a qu'un

moyen d'atteindre le bonheur : composer avec les événements. »

Sarah Bernhardt, la « Divine », savait admirablement accepter l'inévitable. Durant un demi-siècle, elle avait été la reine du théâtre, l'actrice la plus adulée du monde. Puis, à soixante et onze ans, elle entendit son médecin, le professeur Pozzi, lui annoncer qu'il allait l'amputer d'une jambe. En traversant l'Atlantique, elle avait fait une chute sur le pont du paquebot, se blessant à la jambe. Une phlébite aiguë se déclara et bientôt, les douleurs furent telles que le docteur dut se résoudre à l'amputation. Ce fut avec une grande appréhension qu'il prévint la « Divine », connue pour son tempérament orageux. Il était certain que la terrible nouvelle allait déclencher une crise de nerfs. L'espace de quelques instants, Sarah le dévisagea, puis, elle dit calmement : « S'il le faut, faites-le. » Cela, c'était accepter le destin. Comme on poussait le chariot dans la salle d'opération, son fils pleurait. Elle lui dit joyeusement : « Ne t'éloigne pas. Je serai de retour dans une minute. » Après sa convalescence, Sarah Bernhardt reprit ses tournées à travers le monde entier et put encore charmer les foules pendant sept ans.

« En cessant de nous battre contre l'inévitable, nous libérons des énergies qui nous permettent de nous créer une existence plus riche. Aucun être humain ne possède assez d'énergie pour, simultanément, lutter contre l'inévitable et se créer une existence plus riche. Il faut choisir l'un ou l'autre. Vous pouvez soit vous incliner devant les orages inéluctables de la vie, soit résister jusqu'à ce qu'ils vous aient brisé. »

C'est exactement ce qui s'est produit, sous mes yeux, dans une ferme que je possède dans le Missouri. J'avais planté une vingtaine d'arbres. Tout d'abord, ils poussèrent avec une rapidité surprenante. Puis, une nuit, une tempête de neige les couvrit littéralement, du sol jusqu'à la cime, d'une épaisse croûte de glace. Or, ces arbres, au lieu de plier gracieusement sous leur fardeau, résistèrent fièrement et, finalement, se brisèrent. Je fus obligé de les couper. Ils n'avaient pas l'aptitude des arbres de nos grandes forêts du Nord. J'ai parcouru des centaines de kilomètres dans les profondeurs verdoyantes des forêts canadiennes sans voir un seul sapin brisé par la glace ou la neige. Ces arbres-là plient leurs branches et s'adaptent ainsi aux événements. Les professeurs de jiu-jitsu rappellent La Fontaine quand ils enseignent à leurs élèves : « Pliez comme le roseau; ne résistez pas comme le chêne. »

Pour quelle raison les pneus de nos voitures supportent-ils le frottement, l'usure, les arêtes tranchantes du gravier, les chocs et les secousses de la route? Les premiers fabricants s'efforcèrent de faire des roues capables de résister à tout cela. Au bout de quelques kilomètres, ces pneus partaient en lambeaux. Puis, on eut l'idée de fabriquer des pneus capables d'amortir, d'absorber les chocs. Et, miracle, ce pneumatique souple « encaissa ». Nous pouvons, nous aussi, améliorer notre voyage à travers l'existence si nous apprenons à amortir les chocs dont est parsemée notre propre route.

Que nous arrivera-t-il si nous résistons aux chocs de la vie, au lieu de les amortir? Si nous nous refusons de « plier comme le roseau », et nous entêtons à « résister comme le chêne »? La réponse est évidente. Nous susciterons des conflits intérieurs, nous serons tendus, stressés, inquiets.

Durant la guerre, des millions de soldats durent faire ce choix : ou bien composer avec l'inévitable, ou bien s'effondrer sous l'effet de la tension continuelle. Pour illustrer cette alternative, voici l'histoire que raconta, dans un de mes stages, William Casselius, habitant Glendale, dans l'Etat de New York : « Peu de temps après m'être engagé dans les gardes-côtes, je suis placé à un des postes les plus dangereux de ce côté-ci de l'Atlantique, la surveillance des chargements d'explosifs. Moi, commerçant en produits alimentaires! On me fait suivre une formation de deux jours; et le peu que j'apprends accroît encore ma frayeur. Jamais je n'oublierai ma première affectation.

« Par une soirée froide, je reçois, quai de Bayonne dans le New Jersey, l'ordre qui m'assigne la surveillance de la cale n° 5 de notre cargo. Je dois travailler là, avec cinq dockers, des hommes robustes, habitués aux lourdes charges, mais ignorant tout des dangers liés aux explosifs modernes. Or, nous embarquons des fûts contenant chacun une tonne de cheddite, assez pour faire sauter le

bateau et tous ses hommes. Nous descendons ces fûts au moyen de deux câbles formant une sorte de nœud coulant. Je me répète sans cesse : si l'un de ces câbles glisse ou casse... Je tremble de peur, j'ai la bouche sèche, mes jambes flanchent, mon cœur cogne. Mais je ne peux pas m'enfuir. Ce serait déserter.
« Il me faut rester où je suis. J'observe anxieusement les dockers qui manient ces tonnes d'explosifs avec désinvolture. D'une minute à l'autre, le bateau va sauter, c'est certain. Après une ou deux heures de panique, je commence cependant à utiliser ma matière grise et à me raisonner. " Voyons, me dis-je, admettons que le bateau saute. Et après! Tu ne t'en rendras même pas compte. Ce sera une mort sans souffrance. Cela vaut bien mieux que de mourir d'un cancer, par exemple. Ne sois donc pas idiot, de toute façon, il faut bien mourir un jour. Il faut que tu fasses ce boulot, alors, autant le faire de bon cœur. "
« Durant plusieurs heures, je continue ainsi à me persuader jusqu'à pouvoir assumer sainement. En me forçant à accepter une situation incontournable, je réussis à surmonter mon angoisse. J'ai bien retenu cette leçon. A présent, chaque fois que je commence à me stresser au sujet d'une chose à laquelle je ne peux rien changer, je hausse les épaules en me disant : n'y pense plus. Et j'ai constaté maintes fois l'efficacité de cette méthode. »

Déjà Socrate, quatre cents ans avant notre ère, avait montré l'exemple en acceptant avec calme de boire la ciguë fatale. Sa condamnation, obtenue par des envieux, ne lui laissait guère le choix. Sachons, nous aussi, nous montrer philosophes.

Principe n° 11
Composez avec l'inévitable.

CHAPITRE 12

COMMENT LIMITER VOTRE INQUIÉTUDE

Aimeriez-vous savoir comment gagner beaucoup d'argent en Bourse? Si je connaissais un moyen infaillible, mon livre se vendrait dix mille dollars. Je puis cependant vous donner une excellente idée qu'appliquent plusieurs spéculateurs particulièrement avisés. Voici une histoire qui m'a été racontée par Charles Roberts, conseiller financier :

« J'étais venu à New York avec une somme de vingt mille dollars que des amis du Texas m'avaient confiée afin de la faire fructifier à Wall Street. Je croyais connaître toutes les ficelles de la Bourse; mais peu après, j'avais presque tout perdu. J'avais réalisé de beaux bénéfices dans quelques opérations; mais finalement, je m'étais retrouvé sur le sable.

« La perte de mon propre capital ne m'affectait pas outre mesure, mais j'étais navré d'avoir perdu l'argent de mes amis, même s'ils étaient assez riches pour supporter le choc. Avec beaucoup d'appréhensions, je leur annonçai la nouvelle; or, à mon grand étonnement, ils se montrèrent non seulement très compréhensifs, mais même d'un optimisme incurable.

Je me rendais compte que j'avais pratiquement joué à pile ou face, me fiant essentiellement à ma bonne étoile, et aux avis glanés autour de moi. J'entrepris alors d'analyser les erreurs que j'avais commises et, surtout, je pris la ferme résolution de m'imprégner de tous les secrets des mécanismes boursiers avant de m'engager à nouveau. Je m'arrangeai pour faire la connaissance de Burton Castles, l'un des spéculateurs les plus adroits de Wall Street.

J'espérais profiter largement des conseils qu'il me donnerait, car il réalisait chaque année de gros bénéfices. Une réussite aussi constante ne pouvait pas s'expliquer que par la chance.
« Castles commença par me poser quelques questions concernant mes premières opérations, puis, il m'apprit ce qui, à mon avis, est le principe le plus important de toute spéculation. “ Voyez-vous, me dit-il, chaque fois que je passe un ordre en Bourse, je fixe en même temps une limite de pertes; si j'achète un titre à cinquante dollars l'unité, je donne immédiatement un ordre de “ limite de pertes ” à quarante-cinq dollars. C'est-à-dire que si le cours de ce titre descend à quarante-cinq, il sera vendu automatiquement, ce qui limite ma perte à cinq points. A condition de choisir vos premiers investissements de façon intelligente, vous allez faire en moyenne des profits de dix, vingt-cinq, ou même cinquante points. Par conséquent, si vous limitez vos pertes à cinq points, vous pourrez vous permettre de vous tromper au moins une fois sur deux. ” J'ai adopté immédiatement ce principe, que j'applique encore aujourd'hui. Il a fait économiser, à mes clients ainsi qu'à moi-même, des milliers de dollars », poursuivit Charles Roberts.
« Un peu plus tard, je me suis rendu compte que cette méthode de limitation des pertes pouvait s'appliquer à des choses tout à fait étrangères à la Bourse. J'ai commencé à mettre des ordres limitatifs sur des soucis qui n'étaient nullement d'ordre financier, comme, par exemple, les contrariétés que j'éprouvais. Les résultats ont été excellents.

« Je déjeune souvent avec un ami qui est toujours en retard. Avant, il me faisait attendre et perdre la moitié du temps dont je disposais avant le rendez-vous. Je lui ai fait part de ma décision : “ Bill, en ce qui concerne nos déjeuners, je place, aujourd'hui même, un ordre limitatif de dix minutes exactement. Si ton retard dépasse dix minutes, notre rendez-vous sera annulé, je serai parti. ” »
En entendant ce récit, je n'ai pu m'empêcher de penser.
« Comme j'aurais dû moi-même, il y a des années, avoir assez de bon sens pour mettre des “ ordres limitatifs ” sur mon impatience, mes colères, mon désir de me justifier, mes regrets, bref, sur tout cet ensemble d'idées et d'émotions qui provoquent le stress! Pourquoi n'ai-je pas su

prendre la mesure de chaque ennui et me dire : Allons, Dale, cette histoire vaut juste " tant d'agacement ", pas davantage. » Pourquoi n'ai-je pas su?

Je puis dire cependant qu'à une occasion au moins, j'ai fait preuve d'un peu de bon sens. Et c'était même une occasion grave – une véritable crise dans ma vie –, un moment où je voyais mes rêves, mes projets d'avenir et le travail de plusieurs années partir en fumée.
A trente ans, j'avais en effet décidé de gagner ma vie en écrivant des romans. Je pris ce projet tellement au sérieux que je m'embarquai pour l'Europe où je pouvais vivre confortablement avec quelques dollars, du fait de l'inflation qui suivit la Première Guerre mondiale. J'y passai deux années, travaillant à un chef-d'œuvre baptisé *Le Blizzard.* Un titre admirablement choisi, car l'accueil réservé à mon grand roman par les éditeurs fut au moins aussi glacial que le blizzard lui-même.
Quand mon agent littéraire me dit que mon manuscrit ne valait rien, que je n'avais aucun talent pour la fiction, mon cœur faillit s'arrêter de battre. Je quittai son bureau, hébété. Il m'avait assommé aussi sûrement qu'un coup de matraque. Peu à peu, je compris que je me trouvais à un carrefour de ma vie.

Qu'allais-je faire? Quel chemin allais-je prendre? Des semaines passèrent avant que je n'arrive à secouer ma torpeur. Je ne connaissais pas encore le principe des « ordres limitatifs de pertes ». Mais aujourd'hui, je sais qu'inconsciemment j'ai appliqué cette méthode. J'ai considéré ces deux années perdues à pâlir sur mon roman pour leur valeur exacte : une noble expérience... et j'ai repris mes activités antérieures : l'organisation de stages de formation. Pendant mes loisirs, j'ai écrit des biographies et des ouvrages pratiques, comme celui que vous êtes en train de lire.

Puis-je dire aujourd'hui que je suis heureux d'avoir pris cette décision? Et comment! Heureux est un mot trop faible. Je puis dire sans mentir que, depuis, je n'ai jamais perdu une heure à regretter de n'être pas un grand romancier.

En fait, nous commettons une grande erreur quand nous nous investissons exagérément dans quelque chose qui entame trop profondément notre vie.

Savez-vous que les compositeurs Gilbert et Sullivan, auteurs de quelques-unes des plus délicieuses opérettes, *Patience, Le Mikado, Pinafore,* étaient incapables de contrôler leurs nerfs? Le motif de la discorde qui empoisonna littéralement leur vie pendant des années ne fut rien d'autre que le prix d'un tapis! Sullivan avait commandé ce tapis pour le théâtre qu'ils venaient d'acquérir. Quand Gilbert vit la facture, il sortit de ses gonds. Ils portèrent leur différend devant les tribunaux et ne s'adressèrent plus jamais la parole.
Quand Sullivan avait achevé la composition de la musique pour une nouvelle production, il envoyait la partition par courrier à Gilbert qui, après avoir écrit les paroles, renvoyait le tout à Sullivan. Un soir, ils furent obligés de venir ensemble devant le rideau pour saluer le public, mais ils se placèrent chacun à un bout de la scène et s'inclinèrent l'un vers la droite, l'autre vers la gauche, de manière à ne pas se voir. Ils n'avaient pas assez de bon sens pour placer un « ordre limitatif de pertes » sur leurs ressentiments comme l'avait fait par exemple le président Lincoln.

Pendant la guerre de Sécession, Lincoln, en entendant ses amis dénoncer amèrement les manœuvres de ses adversaires, déclara : « Vous êtes plus rancuniers que moi. Peut-être ne le suis-je pas assez; mais j'ai l'impression que le ressentiment est une chose néfaste pour celui qui le nourrit. Aucun de nous n'a de temps à perdre pour ça. En ce qui me concerne, dès qu'un homme cesse de m'attaquer, j'oublie ce qu'il a pu dire ou faire contre moi. »

J'aurais voulu qu'une de mes tantes – tante Edith – fût aussi peu rancunière que Lincoln. La pauvre femme habitait avec l'oncle Frank une ferme hypothéquée de la cave au grenier. Ils avaient une vie dure, devaient économiser chaque cent. Mais la tante Edith adorait acheter, de temps en temps, une paire de rideaux de tulle ou d'autres petites fantaisies pour égayer leur maison. Dan Eversol, le propriétaire du petit bazar de Maryville, lui faisait souvent crédit. Mais ces dettes préoccupaient son mari. Comme tous les paysans, il détestait laisser des factures impayées; un beau jour, il demanda en secret à Dan Eversol de ne plus faire crédit à sa femme.

En apprenant cela, tante Edith se mit dans une colère terrible et près de cinquante ans plus tard, elle était encore folle de rage! Elle m'a raconté l'histoire à maintes reprises. Lors de ma dernière visite à Maryville, elle avait alors près de quatre-vingts ans, je lui dis : « Ma tante, oncle Frank a eu tort de t'humilier ainsi, je suis d'accord; mais, franchement, ne crois-tu pas que tes lamentations pour une histoire vieille de cinquante ans sont infiniment plus graves que ce que l'oncle a fait? » (J'aurais tout aussi bien pu m'adresser à la lune!)

Tante Edith a payé une lourde rançon dans ce ressentiment d'un demi-siècle. Elle l'a payée au prix de sa propre tranquillité d'esprit.

Benjamin Franklin a commis, à l'âge de sept ans, une erreur dont il devait se souvenir pendant soixante-dix ans. Il était tombé amoureux, si l'on peut dire, d'un sifflet qu'il avait aperçu dans la vitrine d'un marchand de jouets. Comme hypnotisé, il entra dans la boutique, vida le contenu de sa tirelire sur le comptoir en échange du sifflet, sans même songer à en demander le prix. « De retour à la maison, raconte-t-il dans une lettre écrite soixante-dix ans plus tard, je me promenais à travers toutes les pièces en soufflant dans mon sifflet. Mais quand mes frères et sœurs découvrirent que j'avais payé pour ce sifflet beaucoup plus qu'il ne coûtait en réalité, ils se moquèrent de moi, et je me mis à pleurer, tant j'étais vexé. »

Des années après, Franklin, devenu célèbre et ambassadeur à Paris, se rappelait encore avoir payé trop cher ce sifflet. Cela lui avait causé plus de chagrin que le sifflet ne lui avait donné de joie.

En fait, ce fut une leçon à bon compte. « En grandissant, raconte Franklin, à mesure que j'apprenais à observer et à analyser le comportement de mes semblables, je rencontrais beaucoup de gens qui avaient *trop payé pour leur sifflet.*

Une grande partie des malheurs dont nous souffrons provient d'une mauvaise estimation de la valeur réelle des choses, et du fait que nous *payons trop cher nos sifflets.* »

Et même Léon Tolstoï, l'immortel auteur de *Guerre et Paix, Anna Karénine*. Le grand romancier était, durant les vingt dernières années de sa vie, l'un des hommes les plus vénérés au monde. Entre 1890 et 1910, un flot ininterrompu d'admirateurs venait à sa propriété, dans l'espoir d'entendre le son de sa voix. La moindre de ses phrases était aussitôt notée, comme une parole divine. Mais en ce qui concerne sa vie quotidienne, Tolstoï avait, à soixante-dix ans, encore moins de bon sens que Franklin n'en avait à sept.

Tolstoï avait épousé une femme qu'il aimait tendrement. Ils étaient tellement heureux qu'ils s'agenouillaient pour prier le Seigneur de faire durer leur bonheur. Mais la jeune femme était d'une jalousie maladive. Elle se déguisait en paysanne et épiait les moindres mouvements de son mari, même lorsqu'il se promenait simplement dans la forêt. Bientôt, des scènes violentes éclatèrent entre les époux. La femme devint jalouse de ses propres enfants, à tel point qu'un jour elle s'empara d'un fusil et troua la photographie de sa fille. Il lui arrivait de se rouler par terre, un flacon de poison contre la bouche, menaçant de se suicider.

Que fit alors Tolstoï? Il se mit à tenir un journal dans lequel il attribuait toute la responsabilité à sa femme! C'était cela son « sifflet ». Il avait décidé de prendre toutes les précautions de façon à persuader les générations futures de son innocence. En réponse à ces accusations, sa femme arracha tout d'abord les pages du journal et les brûla. Puis, elle entreprit de son côté la rédaction d'un journal dans lequel son mari tenait le rôle du coupable. Elle écrivit même un roman, intitulé *A qui la faute?*, où elle représentait son mari comme un monstre, et elle une martyre.

Tout cela pour arriver à quoi?... Pourquoi ces deux êtres s'obstinaient-ils à transformer leur foyer en ce que Tolstoï lui-même appelait « un asile d'aliénés »? Il y avait évidemment plusieurs raisons à cela. L'une d'elles était leur désir forcené de nous impressionner tous : y compris vous et moi dont l'opinion les préoccupait tant! Or, donnerions-nous aujourd'hui seulement un sou pour savoir lequel des deux était fautif?

Nous sommes bien trop préoccupés par nos propres problèmes pour perdre ne fût-ce qu'une minute à penser à ceux du ménage Tolstoï. Quel prix effroyable ces deux malheureux ont-ils payé leur « sifflet »! Cinquante années d'une existence infernale uniquement parce que ni l'un ni l'autre n'avait assez de bon sens pour crier : « Stop! Cette histoire prend des proportions grotesques. Arrêtons immédiatement. Nous gâchons notre vie. »

Je suis persuadé que la faculté d'apprécier les événements à leur juste valeur est l'un des secrets essentiels de l'équilibre. Nous pourrions éliminer sur-le-champ la moitié de nos soucis en nous forgeant un étalon-or privé pour mesurer ce qui compte dans notre vie.

Chaque fois que nous sommes tentés de gâcher notre force vitale, arrêtons-nous et posons-nous ces trois questions :
1) Combien ce qui me préoccupe vaut-il réellement pour moi?
2) A quel niveau vais-je placer un « ordre limitatif de pertes » pour ne plus y penser?
3) Quel est exactement le prix que je dois payer pour ce « sifflet »? Ne l'aurais-je pas déjà payé plus qu'il ne vaut?

Principe n° 12
Evaluez votre niveau maximum d'inquiétude pour une situation.

CHAPITRE 13

POURQUOI « SCIER DE LA SCIURE »?

En écrivant cette phrase, je regarde par la fenêtre dans mon jardin quelques grandes pierres portant des empreintes de dinosaures. Ces pierres m'ont été cédées par le musée de l'Université de Yale, avec une lettre du conservateur certifiant que les empreintes ont 180 millions d'années. Même l'homme le plus primitif ne songerait pas à revenir en arrière de 180 millions d'années pour changer ces formes. Pourtant, une telle tentative ne serait guère plus stupide que d'essayer de revenir en arrière de 180 secondes pour changer ce qui s'est passé : ce que beaucoup d'entre nous s'obstinent à vouloir faire. Nous pouvons évidemment chercher à modifier les effets d'un événement qui s'est produit 180 secondes auparavant; mais il nous est absolument impossible de changer quoi que ce soit à l'événement lui-même.

Il n'y a qu'une seule manière de réfléchir au passé de façon utile et constructive : analyser posément nos erreurs, en tirer des leçons profitables, puis oublier ces erreurs.

Aujourd'hui, je sais cela, mais sans avoir toujours eu ce courage et cette sagesse. Laissez-moi vous raconter la situation absurde dans laquelle je me suis trouvé il y a des années. A cette époque, j'avais réalisé un chiffre d'affaires de 300 000 dollars, sans qu'il m'en soit resté un cent de bénéfice. J'avais lancé mon entreprise de formation, ouvert des centres dans plusieurs villes, et dépensé sans compter pour la publicité. J'étais tellement absorbé par mon travail pédagogique que je n'avais ni le temps, ni le désir de m'occuper des aspects financiers. J'étais, par ailleurs, trop naïf pour me rendre compte qu'il m'aurait fallu un directeur financier pour contrôler les frais.

Finalement, au bout d'un an, je fis une découverte pénible. Malgré nos recettes considérables, nous n'avions pas réalisé le moindre bénéfice. J'aurais dû alors faire deux choses : primo, faire preuve d'autant de bons sens que George Washington Carver lorsqu'il apprit la faillite de la banque à laquelle il avait confié toutes ses économies. Comme un ami lui demandait s'il se rendait compte qu'il était ruiné, Carver répondit simplement : « Oui, je sais », et continua à travailler. Il effaça de son esprit cette perte, pourtant sévère, d'une façon si entière que, par la suite, il n'en parla plus jamais. Secundo, j'aurais dû analyser soigneusement mes erreurs et en tirer une leçon durable.

Mais, je ne fis ni l'un ni l'autre. Je me fis un sang d'encre. Pendant des mois, désorienté, je maigrissais à vue d'œil. Au lieu de profiter de cette malheureuse expérience, je redoublais d'efforts, mais toujours dans la même direction, recommençant quasiment les mêmes erreurs.

Je suis évidemment quelque peu gêné d'admettre mon propre stress; mais j'ai découvert depuis longtemps qu'il m'est plus facile de dire à d'autres ce qu'il faut faire, que de mettre parfaitement en pratique mon propre enseignement!

Allen Saunders me raconta, un soir, qu'il doit à Mr. Brandwine, professeur de physique au collège George Washington de New York, une leçon très précieuse. « A douze ans j'étais continuellement angoissé au sujet des erreurs que j'avais commises. Pour chaque devoir rendu, je passais la nuit à me retourner dans mon lit et à me ronger les ongles, obsédé par la crainte d'une mauvaise note. Constamment, je me rappelais ce que j'avais écrit et regrettais de ne pas l'avoir formulé autrement.

« Puis, un matin, dans l'amphithéâtre de sciences naturelles, notre professeur pose sur son pupitre une bouteille de lait. Nous regardons cette bouteille en nous demandant ce qu'elle vient faire là. Quand brusquement, Mr. Brandwine la balaie d'un revers de main dans l'évier et nous dit : " Ne pleurez pas sur le lait renversé! "

« Il nous réunit ensuite autour de l'évier et nous montre les débris de la bouteille. " Regardez bien, dit-il, car je

voudrais que vous reteniez cette leçon jusqu'à la fin de vos jours. Le lait est perdu, vous voyez qu'il est passé dans le tuyau de vidange; nous aurons beau nous arracher les cheveux et nous cogner la tête contre le mur, cela n'en fera pas revenir une seule goutte. Evidemment, avec un peu de prudence, nous aurions pu garder ce lait. Mais il est trop tard, tout ce que nous pouvons faire, c'est nous résigner à cette perte, l'oublier, et passer à autre chose. "
« J'ai toujours en mémoire le souvenir précis de cette démonstration, alors que j'ai oublié mes connaissances autrefois si solides en géométrie ou en latin. J'ai appris à éviter, autant que possible, de renverser le lait, mais surtout, à ne plus y penser lorsqu'il est renversé. »

Je me rends parfaitement compte de la banalité de cette maxime anglaise. Mais les vieux adages sont la quintessence de notre mémoire collective, le fruit de l'expérience pratique de nos ancêtres. Je vais même plus loin : si nous appliquions toujours ces règles, proverbes ou adages, qui contiennent le meilleur de notre héritage spirituel, nous pourrions mener une existence idéale. Nous connaissons presque tous ces vieux préceptes, mais un abîme sépare la connaissance et la volonté d'agir. En fait, j'ai moins écrit cet ouvrage pour inventer quelque chose de révolutionnaire que pour vous rappeler ces grandes vérités et vous motiver à agir en conséquence.

J'ai toujours admiré les hommes capables d'exprimer une idée ancienne de façon originale et pittoresque. C'est ce qu'a fait par exemple Fred Shedd, de la *Gazette de Philadelphie,* à l'occasion d'un discours. « Combien d'entre vous ont déjà scié du bois? » demanda-t-il. Presque tous les jeunes gens avaient manié une scie au moins une fois dans leur vie. « Bon, mais combien d'entre vous ont déjà scié de la sciure? » Pas une main levée. « Bien sûr! s'exclame Mr. Shedd. On ne peut pas scier de la sciure. C'est du bois déjà scié. Et c'est la même chose pour le passé. Chaque fois que vous vous tracassez au sujet d'événements qui se sont déroulés, vous essayez tout simplement de scier de la sciure. »

J'ai eu le plaisir de dîner avec Jack Dempsey. Il me parla du combat qui lui coûta son titre de champion du monde et fit de Gene Tunney le roi des poids lourds. Comme on peut bien s'en douter, cette défaite fut un coup très dur pour son orgueil. « Au milieu du combat, raconta-t-il, je compris brusquement que j'avais vieilli. A la fin du dixième round, j'étais toujours debout, mais c'était à peu près tout. J'avais les yeux presque fermés, la peau du visage éclatée en plusieurs endroits... Je vis l'arbitre lever la main de mon adversaire. Je n'étais plus champion du monde. Je descendis du ring et m'en allai lentement vers mon vestiaire, écartant péniblement la foule. Quelques personnes essayaient de me serrer la main, d'autres avaient les larmes aux yeux...

« Un an plus tard eut lieu la revanche entre Tunney et moi. Mais ce fut inutile. J'étais fini, pour de bon. Au début, j'eus beaucoup de mal à le supporter, jusqu'au jour où je me suis dit : " Je ne vais pas vivre dans le passé. Je veux encaisser ce coup, comme j'en ai encaissé tant d'autres, mais sans aller au tapis. " »

Et c'est ce qu'il fit. Comment? En se répétant sans cesse : « Je ne veux pas regretter le passé »? Non, cela aurait simplement ravivé ses souvenirs de façon négative. Il y arriva en acceptant courageusement sa défaite, et en se concentrant ensuite sur ses projets d'avenir. Il ouvrit son célèbre restaurant à Broadway, dirigea le Grand Hôtel du Nord, dans la 57e Rue, s'occupa de façon si concrète qu'il n'avait plus le temps ni le désir de penser au passé. « J'ai eu, durant ces dix dernières années, une vie plus heureuse qu'à l'époque où j'étais champion du monde de boxe », conclut Jack Dempsey.

Souvent, en lisant des biographies ou en observant des gens se battre dans des circonstances pénibles, je suis étonné de voir l'aptitude de certains à passer leurs difficultés au compte des pertes et profits pour continuer ensuite à mener une existence heureuse.

Un jour, visitant la célèbre prison de Sing-Sing, je fus particulièrement frappé par le fait que la plupart des détenus paraissaient à peu près aussi heureux que des hommes libres. J'en parlai au directeur qui m'apprit qu'à leur arrivée à Sing-Sing, les criminels étaient presque toujours amers ou aigris. Mais, au bout de quelques mois, tous, sauf les moins intelligents, passaient l'éponge sur les événements qui les avaient conduits en prison. Ils s'installaient dans leur nouvelle existence, acceptaient calmement les règlements et la routine du pénitencier et en tiraient le meilleur parti possible. Le directeur me cita l'exemple d'un détenu qui, employé comme jardinier, chantait en cultivant des légumes et des fleurs entre les murs de la prison.

Ce détenu qui chantait faisait preuve de bien plus de bon sens que la plupart d'entre nous. Il savait que, de toute façon, tout l'or du monde ne peut changer le passé en quoi que ce soit.

Principe n° 13
Ne vous tracassez pas au sujet du passé.

QUATRIÈME PARTIE

SEPT MOYENS DE VOUS FORGER UNE TOURNURE D'ESPRIT QUI APPORTE PAIX ET BONHEUR

CHAPITRE 14

NEUF MOTS QUI PEUVENT CHANGER VOTRE VIE

Il y a quelques années, on me demanda lors d'une émission à la radio : quelle est la leçon la plus importante que la vie vous ait enseignée? Je n'eus guère besoin de réfléchir : la leçon de loin la plus vitale est l'importance de ce que nous pensons. Si je savais ce que pense mon voisin, je saurais qui il est. Ce sont nos pensées qui font notre personnalité. Notre attitude mentale est le facteur qui détermine essentiellement notre destinée. Emerson a dit : « L'homme est ce qu'il pense durant toute la journée... » Comment pourrait-il en être autrement?

A présent, je sais avec une certitude absolue que le choix judicieux de nos pensées est, de tous les problèmes que nous devons résoudre, le plus important, en fait, presque l'unique problème. Si nous savons maîtriser nos pensées, nous serons en bonne voie pour résoudre toutes nos difficultés. Marc Aurèle, le grand philosophe qui régnait sur l'Empire romain, a résumé cette vérité en neuf mots – *neuf mots qui peuvent fort bien changer votre existence :* « **Notre vie est ce que nos pensées en font.** »

Si nos pensées sont joyeuses, nous serons joyeux. Si nous pensons à notre malheur, nous serons tristes. Si nous entretenons des pensées craintives, nous aurons peur. Si nous sommes obsédés par la crainte de tomber malades, nous risquons de tomber malades. Si nous pensons continuellement à l'échec, nous échouerons

certainement. Si nous nous plaignons sans cesse, tout le monde nous évitera. « L'homme n'est pas ce qu'il pense être. Mais ce qu'il pense, il l'est », a dit Norman Vincent Peale.
Est-ce à dire qu'il faille adopter une attitude d'insouciance béate face à tous nos problèmes? Non, la vie n'est évidemment pas aussi simple que cela. Mais je recommande une attitude *positive*, au lieu d'une attitude négative. En d'autres termes, nous devons bien sûr nous occuper de nos difficultés, mais non nous en préoccuper. Où est la différence? Permettez-moi de l'illustrer par un exemple simple. Chaque fois que je traverse une des rues du centre de New York, où la circulation est particulièrement dense, je m'occupe de ce que je fais, c'est-à-dire que j'avance prudemment, regardant à droite et à gauche, mais je ne suis pas préoccupé. S'occuper d'un problème, cela signifie l'étudier et prendre les mesures nécessaires. Se préoccuper, cela veut dire tourner en rond, inutilement.

Un homme peut parfaitement s'occuper de façon très sérieuse des problèmes auxquels il doit faire face et, en même temps, marcher la tête haute, un œillet à la boutonnière. C'est ce que faisait Lowell Thomas, le célèbre reporter-photographe. J'ai eu l'honneur d'être son associé au moment où il présentait ses remarquables documentaires sur les campagnes de Lawrence et d'Allenby, après la Première Guerre mondiale. Thomas et ses assistants avaient filmé la guerre sur cinq ou six fronts différents; ils avaient surtout rapporté un magnifique reportage sur le fameux colonel Lawrence et sa pittoresque armée arabe, ainsi qu'un autre sur la conquête de la Terre sainte par le général Allenby.

La projection de ces films, accompagnée d'une conférence commentant ces deux campagnes, fit sensation à Londres et dans le monde entier. La saison de l'opéra de Covent Garden à Londres fut retardée de six semaines pour que Thomas puisse continuer à passionner le public avec ce spectacle. Après son succès phénoménal à Londres, Thomas entreprit une tournée qui le conduisit dans un grand nombre de pays étrangers. Puis, il consacra deux années à un documentaire sur la vie aux Indes et en Afghanistan. Mais, après une série

d'incroyables coups de malchance, Thomas se retrouva à Londres, complètement ruiné.
J'étais avec lui à ce moment-là. Je me souviens encore des maigres repas dont nous devions nous contenter. Or, même lorsque Thomas était plongé jusqu'au cou dans les dettes et les déceptions, il était tendu, mais il ne se tourmentait pas. Il savait que, dès l'instant où il se laisserait abattre par ces revers de fortune, il ne serait plus utile à personne, pas même à ses créanciers. Et chaque matin, il achetait, en sortant de chez lui, une fleur qu'il mettait à sa boutonnière, puis il descendait Oxford Street d'une démarche souple, la tête haute. Il se forçait à penser uniquement de façon positive, courageuse, s'interdisant de perdre confiance. Il considérait les coups du destin comme des épreuves auxquelles il faut se soumettre si l'on veut continuer à aller de l'avant.

Notre attitude mentale exerce une influence étonnante sur nos forces physiques. J. A. Hadfield, célèbre psychiatre anglais, en cite un exemple frappant dans son remarquable ouvrage : *La Psychologie du pouvoir*.
« J'ai demandé à trois hommes, écrit-il, de se soumettre à un test destiné à vérifier l'effet d'une suggestion mentale sur leur énergie physique, que j'allais mesurer au moyen d'un dynamomètre. Les trois sujets devaient tirer sur l'appareil de toutes leurs forces dans trois situations différentes.
Le premier essai dans des conditions normales permit d'établir que la force moyenne avec une seule main était de 46 kilos. Ensuite, Hadfield mit ses sujets en état d'hypnose et leur expliqua qu'ils étaient très faibles. Aussitôt, leur traction sur le dynamomètre tomba à 13 kilos, moins que le tiers de leur force normale. Un de ces hommes était un boxeur professionnel, mais, sous hypnose, il sentait son bras aussi faible que celui d'un enfant. Pour sa troisième expérience, Hadfield persuada ses trois sujets, toujours en état d'hypnose, qu'ils étaient très forts; et, en moyenne, la traction sur le dynamomètre monta à 65 kilos. Leur puissance nourrie de pensées positives s'était accrue de près de cinquante pour cent. Tel est le pouvoir de notre attitude mentale.

Plus je vis, plus je suis convaincu de la puissance considérable de la pensée. Je sais que tout être humain peut chasser la crainte, le stress, se débarrasser de bien des maladies et transformer son existence, en changeant sa manière de penser. Je le sais! J'ai observé des centaines de fois des transformations presque incroyables, j'en ai vu tant qu'elles ne m'étonnent même plus.

Je suis absolument persuadé que **notre équilibre et notre joie de vivre ne dépendent pas de l'endroit où nous nous trouvons, ni de ce que nous possédons, ni de qui nous sommes, mais uniquement de notre attitude mentale.** Les conditions extérieures n'ont qu'une influence minime sur notre bonheur.

Prenons par exemple l'histoire de John Brown qui fut pendu pour s'être emparé de l'arsenal de Harpers Ferry et avoir incité les esclaves à la révolte. Le jour de l'exécution, il partit pour l'échafaud, assis sur son cercueil. Le geôlier qui l'escortait était nerveux et inquiet. John Brown, lui, était étonnamment calme. Levant son regard vers la crête bleuâtre des montagnes de Virginie, il s'exclama: « Quel beau pays! C'est la première fois que j'ai l'occasion de voir tout cela! »

Ou prenons l'exemple de Robert Falcon Scott et de ses compagnons, les premiers Anglais à atteindre le pôle Sud. Leur voyage de retour fut effroyable. Ils n'avaient plus de vivres ni de combustible. Impossible d'avancer car une violente tempête de neige faisait barrage. Pendant onze jours et onze nuits, un vent glacé tailladait la surface de la glace polaire. Scott et ses compagnons savaient qu'ils allaient mourir; ils avaient d'ailleurs emporté de l'opium en prévision d'une issue fatale. Une bonne dose d'opium, et ils pouvaient s'allonger sur le sol et s'abandonner à des rêves merveilleux pour ne plus se réveiller. Mais ils dédaignèrent ce moyen d'évasion trop facile, et moururent « en chantant des chants joyeux ». On le sait par une expédition de secours qui découvrit, huit mois plus tard, une lettre à côté de leurs corps gelés.

Eh bien oui, si nous nourrissons des pensées courageuses et sereines, nous pouvons même apprécier la beauté du paysage en partant pour l'échafaud; ou chanter joyeusement en mourant de faim et de froid. Milton, le poète aveugle, avait déjà découvert cette vérité trois cents ans plus tôt :

L'esprit est son propre palais.
Par sa seule pensée, il peut
Faire un paradis des enfers
Et faire un enfer des cieux.

De parfaites illustrations de cette maxime nous sont fournies par Napoléon et Helen Keller. Napoléon avait certainement tout ce que la plupart des hommes désirent : la gloire, le pouvoir, la richesse, et pourtant, il disait, à Sainte-Hélène : « Dans toute ma vie, je n'ai connu que six jours de bonheur ». Tandis qu'Helen Keller, aveugle, sourde et muette, écrivait : « J'ai trouvé la vie si belle ! »

En cinquante ans, la vie m'a appris au moins une chose. **« Nous ne pouvons trouver la paix qu'en nous-mêmes. »** Je reprends là ce qu'Emerson a si bien exprimé dans la conclusion de son essai *La Confiance en soi* : « Une victoire politique, une hausse des titres, la guérison d'un être cher, le retour d'un ami ou tout autre événement purement extérieur remonte votre moral, et vous pensez immédiatement que tout ira mieux pour vous. Ne croyez pas cela. C'est impossible. Nous ne pouvons trouver la paix qu'en nous-mêmes. » Epictète, le grand philosophe stoïcien, a dit que nous devrions autant chasser les pensées néfastes de notre esprit qu'enlever des tumeurs et des abcès de notre corps. Epictète disait cela il y a dix-neuf siècles. La médecine la plus moderne l'approuve.

Le Dr Canby Robinson déclare que, sur cinq malades admis à l'hôpital John Hopkins, quatre souffrent de maux provoqués, au moins en partie, par le surmenage nerveux, la fatigue émotive, le stress, et cela même chez des personnes présentant des troubles organiques. Montaigne avait adopté comme devise : **« L'homme est moins malmené par les événements, que par sa seule pensée sur ces événements. »** Et il est difficile de contester que notre *opinion* sur les événements ne dépend que de nous-mêmes.

Que veux-je dire par là? Aurais-je l'audace d'affirmer que vous pouvez changer votre attitude mentale par un effort de volonté? Parfaitement, c'est exactement ce que je veux dire. Et ce n'est pas tout: je vais vous montrer *comment* vous y prendre. Sans doute faut-il se donner un peu de mal, mais, au fond, c'est un secret très simple.

Le professeur William James, autorité mondiale en matière de psychologie pratique, a fait l'observation suivante : « Apparemment, l'action suit la pensée; en réalité, l'action et la pensée se produisent simultanément. En maîtrisant l'action, placée sous le contrôle plus direct de notre volonté, nous pouvons indirectement réguler nos pensées. »

William James nous apprend que nous ne pouvons pas changer immédiatement nos émotions simplement en le décidant mais qu'en revanche, nous pouvons changer notre attitude et nos actions. Et qu'en changeant nos actes, nous changerons presque automatiquement nos sentiments.

« Par conséquent, le moyen souverain et volontaire de retrouver l'enthousiasme, c'est de prendre une attitude joyeuse, de parler et d'agir comme si l'enthousiasme était déjà revenu. »

Est-ce qu'un truc aussi simple marche toujours? Essayez vous-même : souriez, d'un sourire large; redressez les épaules, respirez profondément, et chantez ce qui vous passera par la tête. Si vous ne savez pas chanter, sifflez ou fredonnez.

Vous constatez rapidement qu'il vous est *physiquement* impossible de rester maussade et déprimé alors que toute votre attitude physique manifeste un bonheur radieux!

C'est là une petite vérité qui peut facilement faire des miracles dans notre vie.

Je pense par exemple à une femme en Californie qui pourrait se débarrasser radicalement de tous ses soucis si elle connaissait ce secret. Elle est âgée et veuve, ce qui est triste, je l'admets, mais a-t-elle jamais essayé de se comporter comme une personne heureuse? Non. Si on lui demande comment elle va, elle répond : « Oh, je vais bien », mais son expression et le ton pleurnichard

de sa voix disent: « Si vous saviez tous les malheurs qui me sont arrivés! » Elle a l'air de vouloir vous reprocher d'être heureux en sa présence.
Des centaines de personnes sont plus mal loties qu'elle; l'assurance-vie de son mari la met à l'abri du besoin jusqu'à la fin de ses jours, et ses filles mariées l'accueillent à tour de rôle. Mais je ne l'ai jamais vue sourire. Elle se lamente sur l'égoïsme de ses trois gendres, bien qu'elle passe chez chacun d'eux plusieurs mois par an. Elle se plaint de ne jamais recevoir de cadeaux de ses filles mais elle-même couve anxieusement son argent « pour ses vieux jours ». Cette femme est une calamité d'abord pour elle-même, mais aussi pour sa famille. Est-ce inévitable? C'est là le vrai malheur. D'une belle-mère aigrie, elle pourrait devenir une parente aimée si seulement elle le *voulait*. Tout ce qu'elle aurait à faire serait de commencer à agir joyeusement, comme si elle voulait créer un peu de bonheur autour d'elle, un peu d'affection, au lieu de se concentrer sur sa propre personne.

H. J. Englert, de Tell City, dans l'Indiana, est encore de ce monde uniquement parce qu'il a découvert ce secret. Il y a dix ans, Mr. Englert attrapa la scarlatine. Une fois rétabli, il découvrit que cette maladie avait entraîné une néphrite. Il consulta toutes sortes de médecins, mais aucun ne put le guérir. D'autres complications se déclarèrent. Sa tension avait atteint un point critique. Les médecins lui conseillèrent de mettre aussitôt de l'ordre dans ses affaires.
« Je rentrai, raconte Mr. Englert, vérifiai si j'avais bien effectué tous les versements pour mon assurance-vie, puis, après avoir demandé au Ciel le pardon de mes fautes, je m'abîmai dans une méditation morose. Je rendis tout le monde malheureux. Ma femme et mes enfants étaient tristes. Quant à moi, je m'enfonçais dans le désespoir. Après avoir passé une semaine à gémir sur mon sort, je commençai à réfléchir. " Voyons, me dis-je, tu te conduis comme un imbécile. Tu as peut-être encore une bonne année à vivre, alors, pourquoi n'essaies-tu pas d'être heureux tant que tu es encore de ce monde? " Je redressai les épaules, me forçai à sourire, et m'ingéniai à agir comme si j'étais en parfaite santé. Au début, ce fut difficile, je l'admets,

mais je continuai à m'imposer une attitude aimable et même joyeuse. Cela me soulagea ainsi que ma famille.
« Bientôt, je me rendis compte que je commençais à me sentir mieux, en fait, presque aussi bien que je le prétendais! Mon état s'améliorait constamment. Et aujourd'hui, alors que, depuis des mois, je devrais être dans ma tombe, je suis heureux et bien portant! Une chose est certaine : je serais déjà fichu si j'avais continué à penser que je l'étais. Je me suis donné une chance de guérir simplement en changeant d'attitude mentale! »

A présent, permettez-moi de vous poser une question : puisque le simple fait d'agir joyeusement et de nourrir des pensées positives avait suffi pour sauver cet homme, pourquoi ne pas essayer de supporter quelques minutes de plus nos petits chagrins, nos petits problèmes? Pourquoi persister à rendre malheureux nos proches et nous-mêmes, alors qu'il nous est possible de créer du bonheur, simplement en agissant joyeusement?

D'après la Genèse, le Créateur a donné à l'homme la domination de la terre... un cadeau énorme. J'avoue que des prérogatives aussi vastes ne m'intéressent guère. Tout ce que je désire, c'est la possibilité de me dominer moi-même, de dominer mes pensées et mes craintes. Et je suis heureux de savoir que je peux acquérir cette maîtrise à un degré étonnant, chaque fois que je le veux, uniquement en contrôlant mon attitude qui, à son tour, canalise mes émotions.

Rappelons-nous ces paroles de William James : « *Une grande partie de ce que nous nommons le Malheur* [...] *peut être transformée en un Bonheur tonique par le simple changement d'une attitude de crainte en une attitude d'énergie.* »
Construisons notre bonheur! En suivant un programme quotidien de pensées constructives. Voici quelques idées d'un ancien texte, « Aujourd'hui », qui peuvent considérablement augmenter en nous ce que les Français appellent *la joie de vivre*.

« Aujourd'hui »

1. Aujourd'hui, j'apprécie mon bonheur. Je peux en décider dans une large mesure, car le bonheur dépend de moi, non d'éléments extérieurs.

2. Aujourd'hui, j'accepte que tous mes désirs ne se réalisent pas. Je m'adapte aux exigences de mes proches, de mes activités, des circonstances.

3. Aujourd'hui, je prends soin de moi. Je soigne mon corps et l'entraîne sans excès, pour qu'il réponde à mes demandes.

4. Aujourd'hui j'enrichis mon esprit. J'évite de paresser. Je choisis des lectures qui demandent réflexion et développent mon esprit.

5. Aujourd'hui, j'exerce mon âme. Je rends discrètement service à quelqu'un. A titre d'exercice, j'accomplis deux tâches que je n'ai pas envie de faire.

6. Aujourd'hui, je suis aimable. Je soigne ma présentation. J'agis avec courtoisie. Je complimente volontiers, sans critiquer ni me plaindre.

7. Aujourd'hui, je m'efforce de vivre uniquement cette journée, sans essayer de résoudre tous mes problèmes à la fois.

8. Aujourd'hui, j'établis un emploi du temps précis. Quels que soient les changements, ce plan élimine les deux poisons que sont l'indécision et la précipitation.

9. Aujourd'hui, je m'isole dans le calme pendant une demi-heure pour me détendre. C'est l'occasion de méditer pour élargir la perspective de ma vie.

10. Aujourd'hui, j'ai confiance. Je ne crains pas d'apprécier ce qui est beau, d'aimer ni de croire à l'amour de ceux que j'aime.

Principe n° 14
Emplissez-vous l'esprit de pensées de paix, de courage, de santé et d'espoir.

CHAPITRE 15

LES RANCUNES SE PAIENT TRÈS CHER

Une nuit, alors que je visitais le parc national de Yellowstone, j'étais assis, en compagnie d'autres touristes, sur une terrasse, en face d'un épais bois de sapins. Brusquement, la bête que nous attendions, l'ours grizzli, apparut dans la lumière des projecteurs et se mit à engloutir les détritus que les cuisines du parc jetaient à cet endroit. Un garde forestier à cheval se tenait près des touristes et leur parlait de la vie du grizzli, un des animaux terrestres les plus puissants. Cependant, je remarquais que notre grizzli permettait à un autre animal, un seul, de rester près de lui et, même, de partager son repas : c'était un putois, un petit carnivore capable de projeter derrière lui à plusieurs mètres un liquide nauséabond. Le grizzli aurait pu l'écraser d'un seul coup de patte. Pourquoi ne le faisait-il pas? Parce que l'expérience lui avait appris que cela n'en valait pas la peine.

Moi aussi, j'ai fait cette constatation. Quand j'étais gamin, j'attrapais au collet des putois à quatre pattes; plus tard, devenu homme, il m'est arrivé d'en rencontrer à deux pattes dans New York. Une expérience pénible m'apprit que ces deux espèces ne valaient guère la peine qu'on s'en occupe.

En haïssant nos ennemis, nous leur donnons un grand pouvoir sur notre vie : un pouvoir sur notre sommeil, notre appétit, notre tension, notre santé et notre équilibre. Nos ennemis danseraient de joie s'ils savaient à quel point ils nous tourmentent, nous harcèlent, nous

« rendent la pareille ». Notre haine ne leur cause certainement aucun mal, mais, en revanche, elle transforme notre propre vie en cauchemar.

« Si des gens égoïstes cherchent à vous tromper, à abuser de votre gentillesse, à profiter de votre bonne foi, cessez de les fréquenter, ignorez-les. N'essayez pas de leur rendre la pareille. En tentant de vous venger, vous vous ferez bien plus de mal à vous-même qu'à eux »... Qui, à votre avis, a bien pu écrire ces paroles? Quelque idéaliste au regard candide? Pas du tout. J'ai trouvé ces phrases dans une circulaire éditée par la police de Milwaukee! Comment votre désir de « rendre la pareille » pourrait-il vous faire du mal? De plusieurs façons. Il pourra même ruiner votre santé. « Le défaut caractéristique des personnes souffrant d'hypertension est l'esprit rancunier, déclare l'auteur d'un article paru dans le magazine *Life*. Lorsque la rancune est chronique, elle entraîne une hypertension et des troubles cardiaques. »
Une de mes amies vient d'avoir une grave crise cardiaque. Son médecin lui a ordonné de garder le lit et, surtout, de ne se mettre en colère sous aucun prétexte. Avec ce genre d'affection, une forte tension peut être fatale.

J'ai dans mes dossiers la lettre d'un policier de Spokane, dans l'Etat de Washington, qui relate cet accident : « William Falkaber, âgé de soixante-huit ans, propriétaire d'un café-restaurant, s'est mis dans une colère folle parce que son cuisinier s'obstinait à boire son café dans une soucoupe, au lieu de se servir d'une tasse. Le restaurateur exaspéré a pris une arme, s'est mis à poursuivre le cuisinier et s'est écroulé, foudroyé par une rupture d'anévrisme. Le médecin légiste a noté, dans son rapport, que la rupture d'anévrisme avait été causée par la colère. »

En disant « Aimez vos ennemis », Jésus-Christ n'a pas seulement proposé à ses disciples une ligne de conduite morale, il leur a donné en même temps un conseil médical que la science ne peut qu'approuver. C'est aussi un conseil de beauté. Certaines personnes ont le visage durci par la haine et les rancunes. Aucun soin esthétique ne répare ces dommages mieux qu'un cœur indulgent. La haine va jusqu'à altérer notre aptitude à apprécier les plaisirs de la table. « Mieux vaut dîner joyeusement d'un plat

d'herbes, que de bœuf rôti assaisonné de haine. » Ces mots sont inscrits dans la Bible.
Ne croyez-vous pas que nos ennemis exulteraient en apprenant que notre ressentiment envers eux nous épuise, nous énerve, nous enlaidit et abrège probablement notre vie ? Si nous ne pouvons aimer nos ennemis, si nous ne pouvons être bons pour eux, soyons au moins bons pour nous-mêmes. Aimons-nous suffisamment pour ne pas leur permettre d'influencer notre bonheur et notre santé. Comme l'a dit Shakespeare :

Pour ton propre ennemi, ne chauffe pas fournaise
Si chaude qu'elle brûle l'ennemi et toi-même !

En nous demandant de pardonner « soixante-dix fois sept fois » à nos ennemis, Jésus nous donne un excellent conseil pratique.

J'ai ici la lettre d'un certain George Rona, habitant la ville d'Uppsala, en Suède. Rona avait été avocat à Vienne, jusqu'à l'invasion de l'Autriche par les nazis. A ce moment-là, il s'était enfui en Suède sans argent et se vit forcé de trouver rapidement du travail. Comme il parlait et écrivait couramment plusieurs langues, il espérait trouver une place de correspondant dans une maison d'exportation. Mais la plupart des maisons auxquelles il s'adressait répondirent que, du fait de la guerre, elles ne voyaient pour l'instant aucune possibilité d'engager un correspondant, qu'elles prenaient cependant bonne note de son nom... etc. Un commerçant, pourtant, écrivit à George Rona la lettre suivante : « Vos idées concernant mes activités sont absurdes, et même ridicules. Tout d'abord, je n'ai nullement besoin des services d'un correspondant ; ensuite, même s'il m'en fallait un, je ne vous engagerais pas, car vous êtes incapable de vous exprimer correctement en suédois. Votre lettre grouille de fautes. »
Cette réponse mit George Rona dans une colère noire. De quel droit ce Suédois lui reprochait-il de ne pas connaître la langue ! Incroyable, la lettre de ce bonhomme grouillait, elle aussi, de fautes ! Rona entreprit donc de rédiger une réponse destinée à faire comprendre à ce grossier personnage sa façon de penser. Puis, il se ravisa. « Un instant, se dit-il. Au fond, comment puis-je savoir que cet individu n'a pas raison ? J'ai étudié le suédois, mais ce

n'est pas ma langue maternelle, il est donc possible que j'aie commis certaines fautes sans m'en rendre compte. Dans ce cas, je ferais bien de me perfectionner si je veux avoir une chance de trouver un emploi. Après tout, cet homme m'a peut-être rendu un grand service, quoiqu'il n'en ait certainement pas eu l'intention. Le fait qu'il se soit exprimé en termes désobligeants ne devrait en rien diminuer ma reconnaissance. Je vais donc lui écrire pour le *remercier.* »

George Rona déchira donc la lettre qu'il avait déjà terminée, et en écrivit une autre disant : « Vous avez été très aimable de me répondre, et j'apprécie votre geste d'autant plus que vous n'avez pas besoin d'un correspondant. Je suis navré d'avoir commis une erreur concernant votre firme. Je m'étais permis de m'adresser à vous parce qu'on m'avait indiqué votre maison comme une des plus importantes dans le domaine de l'exportation. Quant aux fautes de grammaire que vous avez relevées dans ma lettre, je suis confus d'avouer qu'elles m'avaient échappé. Je ne me rendais pas compte à quel point je m'exprimais mal. Dès aujourd'hui, je vais me perfectionner en suédois et éliminer ces fautes. Je tiens à vous remercier de m'avoir aidé à prendre conscience de mes imperfections. »

Quelques jours plus tard, George Rona reçut de ce négociant une lettre l'invitant à venir le voir. Rona y alla et fut engagé. Ainsi, il découvrit tout seul qu'une réponse apaisante peut calmer la colère.

Peut-être ne sommes-nous pas assez forts pour aimer nos ennemis, mais, ne serait-ce que pour notre santé et notre propre bonheur, pardonnons-leur et oublions-les. C'est ce que nous avons de plus sensé à faire. « Etre victime d'un vol, d'une injustice, n'est rien, a dit Confucius, sauf si nous continuons à y penser. » J'ai demandé un jour au fils du général Eisenhower, si son père ne nourrissait jamais de ressentiments. « Non, répondit-il, mon père ne perd jamais une minute à penser aux gens qu'il n'aime pas. »

Un vieux proverbe dit :

> « *Faible qui ne peut se mettre en colère,*
> *Sage qui ne veut se mettre en colère.* »

C'était aussi le système de William J. Gaynor, ancien maire de New York. Violemment attaqué par la presse, il fut agressé par un déséquilibré qui le blessa grièvement. Pourtant, à l'hôpital, luttant pour sa vie, il dit : « Chaque soir, je pardonne tout à tous mes ennemis. » Vous estimez que c'est pousser l'idéalisme trop loin? Que c'est faire preuve d'une magnanimité exagérée? Eh bien, reportons-nous à Schopenhauer, grand philosophe allemand, auteur de *L'Etude du pessimisme*. Voilà un homme qui considérait la vie comme une aventure futile et pénible. Il respirait littéralement l'ennui et l'abattement; et pourtant, des profondeurs de son désespoir, il proclamait que, « dans la mesure du possible, nous devons éviter d'entretenir du ressentiment envers qui que ce soit ».

J'ai eu l'occasion de demander à Bernard Baruch, le conseiller attitré de six présidents des Etats Unis, Wilson, Harding, Coolidge, Hoover, Roosevelt et Truman, s'il lui arrivait d'être énervé par les attaques de ses adversaires. « Personne ne peut m'humilier ou m'énerver, répondit-il. Je ne le permettrais pas. »

A travers les siècles, les hommes qui refusaient de haïr leurs ennemis ont été cités en exemple. Plus d'une fois, j'ai admiré, dans le parc national Jasper, au Canada, la splendeur d'une des plus belles montagnes d'Amérique, un mont portant le nom d'Edith Cavell, une infirmière anglaise qui, le 12 octobre 1915, fit face à un peloton d'exécution allemand. Elle avait caché, soigné, nourri dans son appartement de Bruxelles des soldats anglais et français et les avait aidés à s'échapper en Hollande. Comme, ce matin d'octobre, l'aumônier anglais pénétrait dans sa cellule à la prison militaire de Bruxelles, Edith Cavell prononça deux phrases qui, par la suite, ont été gravées dans le roc : « Je me rends compte que le patriotisme seul ne saurait suffire. Je ne dois avoir ni haine, ni amertume envers qui que ce soit. » Quatre ans plus tard, son corps fut transféré en Angleterre, et un service funèbre fut célébré à l'abbaye de Westminster. Aujourd'hui, ces deux phrases sont gravées sous une statue devant la National Gallery.

Un moyen sûr d'oublier ses ennemis est de se consacrer entièrement à une cause qui nous dépasse. Alors, les insultes et les manifestations d'hostilité que nous subissons n'auront plus d'importance, puisque nous ignorerons tout ce qui ne favorise pas notre *cause*.

Afin de mieux illustrer ma pensée, voici un événement qui s'est produit en 1918, dans les forêts de l'Etat du Mississippi. Un lynchage! Laurence Jones, instituteur noir, allait être lynché. A ce moment-là, on murmurait dans l'Etat du Mississippi que les Allemands fomentaient une émeute parmi les Noirs. Laurence Jones, fondateur de l'école et, en même temps, pasteur de la communauté noire, était accusé de jouer un rôle très actif dans la préparation de cette révolte. Des hommes avaient entendu, en passant devant l'église, Jones lancer à ses ouailles : « La vie est une bataille pour laquelle chaque Noir doit *s'armer* et *se battre* afin de survivre et de réussir. »

S'armer! Se battre! A ces mots, les témoins échauffés alertèrent les fermiers des environs, réunirent une foule excitée et revinrent à l'église. Ils mirent un nœud coulant autour du cou du pasteur noir, le traînèrent le long de la route sur un ou deux kilomètres et le placèrent sur un tas de branchages. Préparant le feu, ils allaient le pendre et le brûler vif, quand, tout à coup, quelqu'un s'écria : « Qu'il nous fasse un sermon avant de flamber! Un sermon! » Et Laurence Jones, debout sur son bûcher, parla pour sa vie mais aussi pour *sa cause*. Diplômé à l'Université de Iowa en 1907, sa droiture, son intelligence, son savoir, et, aussi, son talent de musicien lui avaient valu l'estime affectueuse de ses camarades et de ses professeurs. Après ses études, il avait refusé l'offre d'un hôtelier et aussi celle d'un mécène local qui voulait lui permettre de poursuivre son éducation musicale. Pourquoi? Parce qu'il brûlait d'une passion visionnaire.

Ayant lu la biographie de Booker T. Washington, il avait résolu de consacrer sa vie à l'instruction de ses frères les plus misérables, les plus illettrés. Dans ce but, il s'était rendu dans la région la plus arriérée des Etats du Sud, un endroit situé à une trentaine de kilomètres de Jackson, dans le Mississippi. Ayant engagé sa montre au mont-de-piété pour deux dollars, il ouvrit son école au beau milieu des bois avec une souche d'arbre pour pupitre. Laurence Jones entreprit d'expliquer à ces forcenés qui voulaient le lyncher la lutte qu'il avait dû mener pour instruire les enfants noirs, pour faire d'eux de bons fermiers, des mécaniciens, des cuisinières, des ménagères. Il leur parla des Blancs dont l'assistance lui avait permis de fonder l'école de Piney Woods, des Blancs qui lui avaient donné du terrain, des matériaux de construction, des cochons, des vaches et aussi de l'argent afin qu'il puisse poursuivre sa tâche.

A mesure que Laurence Jones parlait, avec sincérité et émotion, qu'il plaidait non pour lui-même, mais pour sa cause, la foule furieuse se calmait. Finalement, un vétéran de la guerre de Sécession déclara : « Je commence à croire que cet homme dit la vérité. Je connais les gens dont il a mentionné les noms. Ce garçon fait du beau travail. Nous avons commis une erreur. Notre devoir serait de l'aider, au lieu de le pendre. » Otant son chapeau, il joignit le geste à la parole et fit une quête auprès de ces hommes accourus pour une pendaison.

Lorsque, plus tard, quelqu'un demanda à Laurence Jones s'il haïssait les hommes qui l'avaient traîné le long de la route pour le pendre et le brûler vif, il répondit : « J'étais trop occupé à plaider la cause de mon œuvre pour les haïr, *trop absorbé par cette cause qui dépasse de loin ma propre personne. Je n'ai pas de temps à perdre en querelles ni en regrets, et personne ne m'obligera à m'abaisser à la haine.* » J'ai visité, il y a quelques années à l'occasion d'une conférence, l'école fondée par Laurence Jones. Aujourd'hui, cet établissement est connu dans le pays tout entier.

Epictète a déjà fait remarquer dix-neuf siècles avant notre ère que nous récoltons ce que nous avons semé, et que, d'une façon ou d'une autre, le destin s'arrange toujours pour nous placer face à nos échéances. « A la longue, dit-il, chaque homme payera la rançon de ses fautes. Celui qui se souvient de cette vérité ne sera jamais en colère envers qui que ce soit, il ne blâmera, n'insultera, ne détestera personne. »

L'homme le plus détesté, calomnié et attaqué de l'histoire américaine fut probablement Abraham Lincoln. Pourtant, Herndon, son biographe, rapporte ceci : « Lincoln ne jugeait jamais ses semblables suivant ses sympathies ou ses antipathies personnelles. Lorsqu'il s'agissait de trouver un titulaire pour tel ou tel poste, Lincoln admettait parfaitement qu'un de ses adversaires pouvait être tout aussi qualifié qu'un de ses partisans. Même si l'homme le plus apte pour un poste l'avait attaqué ou calomnié, Lincoln l'appelait, tout comme il aurait fait appel à un ami si celui-ci avait eu les qualifications nécessaires... Je ne pense pas qu'il ait jamais déplacé un fonctionnaire à cause d'une divergence de vue ou d'une antipathie personnelle. » Or, Lincoln dut parfois se défendre contre l'hostilité des hommes qu'il avait lui-même appelés aux plus hautes fonctions. Cependant, il croyait que « personne ne devait être loué ou blâmé pour ce qu'il a fait ou omis de faire. Nous sommes tous les produits des circonstances, du milieu ambiant, de l'éducation que nous avons reçue, des habitudes acquises et de notre hérédité. Ce sont des facteurs qui, depuis toujours, ont formé notre caractère ».

Lincoln a peut-être raison. Si vous et moi avions hérité de nos ancêtres les mêmes particularités physiques et mentales que nos ennemis, si la vie nous avait traités exactement comme elle les a traités, nous agirions certainement comme eux. Inspirons-nous de la prière des Sioux : « Grand Esprit, ne me permets pas de juger ou de critiquer un homme, tant que je n'aurai pas, pendant deux semaines, chaussé ses mocassins. »

Principe n° 15
N'essayez jamais de vous venger.

CHAPITRE 16

COMMENT RÉAGIR DEVANT L'INGRATITUDE

Récemment, lors d'un voyage au Texas, je fis la connaissance d'un industriel rongé par la rancœur. On m'avait prévenu qu'au bout de dix minutes de conversation, il me parlerait de ses problèmes. Ce qu'il fit en effet. L'incident qui l'avait révolté s'était produit onze mois auparavant, mais il était toujours en colère et ne pouvait parler de rien d'autre. Il avait distribué, à l'occasion des fêtes de Noël, une somme de dix mille dollars à ses trente-quatre employés et pas un seul ne l'avait remercié. « Vraiment, je regrette cette largesse ! » disait-il.

Selon Confucius, « un homme en colère est plein de poison ». Je plaignais sincèrement cet homme. Il devait avoir environ soixante ans. Et peut-être avait-il encore dix à vingt ans devant lui. Pourtant, il avait déjà gâché une année par son amertume.

Au lieu de donner libre cours à son indignation à propos de l'ingratitude humaine, il aurait pu se demander pourquoi son geste généreux n'avait pas produit l'effet escompté. Peut-être avait-il sous-payé ses employés, en exigeant beaucoup d'eux. Peut-être considéraient-ils cette prime non pas comme un cadeau de Noël mais comme un dû. Peut-être s'était-il montré si dur, si distant, que personne n'avait osé le remercier. D'un autre côté, les employés étaient peut-être égoïstes, mesquins et mal élevés. Il pouvait y avoir cent raisons... Je n'en sais pas plus long que vous. D'après le Dr Samuel Johnson, « La gratitude est le fruit de la culture. Vous ne la trouverez pas chez les vulgaires. »

Voici donc ce que je voulais faire ressortir : *cet homme avait commis l'erreur, très fréquente, de s'attendre à un geste de gratitude.*
Si vous sauviez la vie d'un homme, vous penseriez qu'il vous en serait reconnaissant, n'est-ce pas? Eh bien, Samuel Leibowitz, grand avocat d'assises avant de devenir magistrat, a sauvé soixante-dix-huit hommes de la chaise électrique! Et combien d'entre eux ont, à votre avis, eu l'idée de lui exprimer leur gratitude? Combien? Devinez... Oui, c'est bien cela... pas un seul!

Selon l'Evangile de saint Luc, Jésus guérit un jour dix lépreux. Combien d'entre eux ont pris la peine de le remercier? Un seul. Lorsque le Seigneur se retourna vers ses disciples et leur demanda : « Où sont donc les neuf autres? » il découvrit qu'ils étaient tous partis en courant, sans un mot de remerciement. D'où cette question : de quel droit vous, moi, ou encore cet industriel du Texas, nous attendrions-nous à plus de gratitude pour nos petites faveurs que le Christ n'en a reçue pour ses guérisons miraculeuses?

Pour les faveurs financières, la reconnaissance n'est pas plus grande, loin de là. Charles Schwab me parla un jour d'un caissier qui avait spéculé en Bourse avec des fonds appartenant à sa banque. Schwab, pris de pitié, avait remboursé les sommes détournées afin de lui éviter la prison. Cet homme s'est-il montré reconnaissant? Bien sûr... pendant deux ou trois mois. Puis, il manifesta tout à coup une violente antipathie pour Schwab et attaqua publiquement celui qui lui avait épargné un séjour en prison.

Si vous donniez un million de dollars à un membre de votre famille, vous supposeriez qu'il vous en serait reconnaissant, n'est-ce pas? C'est ce que fit Andrew Carnegie. Mais s'il avait pu sortir de sa tombe peu après sa mort, il aurait sans doute été surpris d'entendre ce descendant insulter sa mémoire! Pourquoi? Parce qu'Andrew avait laissé 365 millions à des œuvres de charité – et ne lui avait laissé que quelques « miettes », un million de dollars!

Il en est ainsi de la nature humaine... Alors, n'est-il pas plus intelligent d'en prendre son parti? De se montrer aussi réaliste que Marc Aurèle, cet empereur romain fin et perspicace qui notait dans son journal : « Aujourd'hui, je vais rencontrer des gens qui parlent trop, des égoïstes, prétentieux et ingrats. Je n'en serai ni surpris ni choqué car le monde est ainsi fait. »

N'est-ce pas sensé? Si nous nous plaignons de l'ingratitude de nos semblables, à qui la faute? A la nature humaine ou à notre ignorance de la nature humaine? Ne nous attendons donc pas à la gratitude. Alors, si de temps à autre nous recevons une marque quelconque de reconnaissance, soyons-en agréablement surpris. Si nous n'en recevons pas, trouvons cela naturel.

Voici donc le premier point que j'essaie de faire ressortir dans ce chapitre : *il est « normal » que les gens oublient d'exprimer leur gratitude; si nous attendons cette gratitude, nous nous exposons à bien des déceptions.*

Je connais ici, à New York, une femme qui se plaint constamment de sa solitude. Aucun parent ne cherche à la voir. Tous l'évitent et cela n'a rien d'étonnant. A ses rares visiteurs, elle raconte des heures durant tout ce qu'elle a fait pour ses nièces quand celles-ci étaient petites : elle les a soignées quand elles avaient la rougeole, les oreillons et la coqueluche; c'est elle qui, pendant des années, les a logées et nourries; c'est encore elle qui a financé les études de l'aînée et accueilli chez elle la cadette jusqu'à son mariage.

Ses nièces viennent-elles la voir? Oui, bien sûr, de temps en temps par acquit de conscience. Mais elles redoutent ces visites; elles savent qu'elles seront obligées d'écouter une litanie ininterrompue de récriminations et de reproches à peine déguisés. Et lorsque cette femme s'aperçoit que ses nièces ne viennent plus, elle frise la crise cardiaque. Et ce n'est pas simulé. Son médecin m'a confirmé qu'elle souffre de palpitations d'origine émotive.

Ce qu'il lui faut en réalité, c'est un peu d'affection et de sollicitude. Mais elle croit que cela lui est dû et s'obstine à appeler cela de la gratitude. Et personne ne lui manifestera ni affection ni gratitude, parce qu'elle l'exige.

Or, il existe des milliers de personnes qui se sentent malades d'ingratitude, de solitude, de manque d'affection. Elles ignorent que l'unique moyen de recevoir un peu d'affection est de ne pas la quémander mais de commen-

cer soi-même par chérir sans rien attendre en retour. Est-ce faire preuve d'idéalisme? Pas du tout. C'est faire preuve de bon sens. Et c'est certainement le meilleur moyen, pour vous et moi, de trouver le bonheur auquel nous aspirons. Je vous parle en connaissance de cause, pour l'avoir constaté dans ma propre famille. Mes parents donnaient pour le plaisir d'aider les autres. Nous étions constamment endettés. Et pourtant, mes parents s'arrangeaient toujours pour envoyer, chaque année, une petite somme à un orphelinat, le foyer de Council Bluffs, dans l'Iowa. Jamais, ils ne visitèrent l'établissement. Il est probable qu'à part une lettre polie, ils ne reçurent pas de remerciement, et cependant, ils s'estimaient amplement récompensés par la joie d'avoir secouru des enfants. Je pense aujourd'hui que mon père répondait, à peu de chose près, à cette définition que donnait Aristote: « L'homme idéal éprouve une joie profonde à aider ses semblables. »
Voici maintenant le second point que je voudrais faire ressortir: *si nous désirons trouver le bonheur, cessons de réfléchir à la gratitude ou à l'ingratitude, et donnons simplement pour le plaisir de donner.*

Depuis toujours, des parents se lamentent de l'ingratitude de leurs enfants. Le roi Lear de Shakespeare s'exclame:

Plus cruelle que la morsure du serpent
Est blessure l'ingratitude d'un enfant!

Mais, au fait, pourquoi les enfants seraient-ils reconnaissants, à moins que leurs parents ne le leur aient appris? L'ingratitude est naturelle comme les mauvaises herbes. La gratitude est comme la rose. Elle a besoin, pour s'épanouir, d'être nourrie, cultivée et préservée. Si nos enfants sont ingrats, à qui la faute? Peut-être à nous. Car si nous ne leur avons pas montré notre reconnaissance envers d'autres personnes, pourquoi auraient-ils l'idée d'être reconnaissants envers nous?
N'oublions jamais que nos enfants sont essentiellement ce que nous avons fait d'eux. Un exemple: la sœur de ma mère, Mrs. Viola Alexander, de Minneapolis, n'a jamais eu à se plaindre de l'ingratitude de ses enfants. Alors que j'étais tout jeune, elle accueillit sa propre mère, devenue veuve. Un peu plus tard, elle invita la mère de son mari à

venir vivre chez elle. Est-ce qu'elles dérangeaient tante Viola? Souvent, je suppose. Mais elle n'en laissait jamais rien paraître. Elle aimait sa mère et sa belle-mère, leur donnait l'impression qu'elles étaient chez elles. Tante Viola avait beau avoir six enfants, l'idée ne lui venait jamais qu'en ouvrant sa maison à ces deux femmes âgées, elle avait agi d'une façon particulièrement généreuse. Pour elle, c'était naturel, elle n'avait fait qu'obéir à son bon cœur.

Qu'est devenue tante Viola? Voilà plus de vingt ans qu'elle a perdu son mari; mais ses enfants, aujourd'hui tous mariés, se disputent affectueusement sa présence. Ils l'adorent et chacun trouve qu'elle ne reste pas assez longtemps chez eux. Plus que de la gratitude, c'est de l'amour. Mes six cousins et cousines ont connu, durant toute leur enfance, la chaleur d'une bonté radieuse; quoi d'étonnant à ce qu'ils désirent, aujourd'hui, à leur tour, rendre cette affection?

Rappelons-nous donc qu'afin d'inculquer à nos enfants le sens de la reconnaissance nous devons leur *donner l'exemple* de la reconnaissance. N'oublions jamais que même les tout petits savent écouter et qu'ils enregistrent soigneusement nos paroles. Par exemple, la prochaine fois que nous serons tentés de déprécier, en présence de nos enfants, un cadeau ou une attention, ravisons-nous. Ne disons pas: « Regardez cette nappe que la cousine Edith nous a offerte pour Noël. Cela n'a pas dû lui coûter cher. » Disons plutôt: « Quel soin a-t-elle mis pour broder cette jolie nappe! Elle est vraiment gentille. Ecrivons-lui tout de suite pour la remercier. » Nos enfants acquèreront alors l'habitude de féliciter et de remercier.

En résumé: Rappelez-vous que l'ingratitude est chose courante.
Donnez pour la joie de donner.
Cultivez la gratitude chez vos enfants.

Principe n° 16
Attendez-vous à l'ingratitude.

CHAPITRE 17

QUE DONNERIEZ-VOUS POUR UN MILLIARD?

Un jour, j'eus l'idée de demander à un de mes meilleurs amis et collaborateurs, Harold Abbott, de Webb City, comment il parvenait à ne jamais s'inquiéter. Il me raconta une histoire que je n'oublierai jamais.

« Autrefois, je m'inquiétais souvent, commença-t-il. Mais j'ai changé depuis le jour où, descendant Dougherty Street, j'ai vu un spectacle qui devait me libérer pour toujours. Tout s'est passé en peut-être dix secondes, dix secondes pour m'apprendre plus sur l'art de vivre que je n'en avais appris pendant les dix années précédentes. J'avais été, pendant deux ans, propriétaire d'une épicerie; mais les affaires marchaient si mal qu'après avoir perdu mes économies, j'avais été obligé de contracter des dettes considérables. Finalement, j'avais dû fermer mon magasin, juste trois jours avant cet événement.

« Ce matin-là, je me rends à la banque pour emprunter une petite somme d'argent pour aller à Kansas City et essayer de trouver un emploi. Je marche comme un homme vaincu. Je suis abattu, désespéré. Puis, tout à coup, je vois, venant en sens inverse, un cul-de-jatte. Il est assis sur une petite plate-forme en planches, montée sur des roues de patins à roulettes. Il vient de traverser la rue, et j'arrive à sa hauteur juste au moment où il va se hisser sur le trottoir. Comme il se penche en arrière pour faire monter sa plate-forme sur le trottoir, nos regards se rencontrent. Il m'adresse un large sourire. " Quelle belle matinée, n'est-ce pas? " me dit-il joyeusement.

« Je le dévisage, stupéfait, et brusquement, me rends compte à quel point je suis riche. J'ai mes deux jambes, je peux marcher. J'ai soudain honte de ma faiblesse. Si cet homme peut, sans jambes, être heureux, joyeux et plein de confiance, je peux certainement l'être, moi qui les ai. Je sens déjà ma poitrine se regonfler. J'avais l'intention de solliciter un prêt de cent dollars. Je vais en demander deux cents. J'avais pensé expliquer *que je désirais partir pour Kansas City afin d'essayer de trouver un emploi.* J'annonce d'un ton assuré *que je vais à Kansas City pour trouver un emploi.* Tenez-vous bien, on m'accorde ce prêt sur-le-champ, et, une heure après mon arrivée à Kansas City, je trouve un emploi intéressant. »

J'ai eu l'occasion de faire la connaissance d'Eddie Rickenbacker, le jeune aviateur qui, après la chute de son appareil, dériva avec ses camarades sur un radeau en caoutchouc dans le Pacifique pendant vingt et un jours. « La plus forte leçon que j'ai tirée de cette épreuve, me dit-il, c'est que, tant que vous avez toute l'eau que vous voulez boire, et toute la nourriture que vous voulez manger, vous ne devriez jamais vous plaindre de quoi que ce soit. »

Le magazine *Time* a publié un article sur un sergent qui avait été blessé à Guadalcanal. La gorge percée par un éclat d'obus, sept transfusions furent nécessaires pour le sauver. Il écrivit sur un bout de papier : « Est-ce que je vais m'en tirer? » Le médecin répondit : « Oui ». Puis, le blessé écrivit : « Vais-je pouvoir parler? » De nouveau, le médecin répondit affirmativement. Alors, le sergent traça, d'une écriture énergique : « Alors, pourquoi diable m'en faire! »

Pourquoi ne vous poseriez-vous pas, en ce moment, la même question? Vous allez probablement découvrir que vous vous stressez pour des raisons relativement insignifiantes. Environ 90 % de notre vie va bien et 10 % va mal. Pour être heureux, il faut nous concentrer sur ces 90 % de positif, et ignorer les 10 % de négatif. En revanche, si nous tenons à nous tracasser, à souffrir de l'estomac, nous n'avons qu'à ruminer les 10 % de négatif et oublier les 90 % de positif.

Jonathan Swift, l'auteur des *Voyages de Gulliver*, était un sombre pessimiste. Il était tellement triste d'être venu au monde que, le jour de son anniversaire, il s'habillait de noir et jeûnait! Et pourtant, ce désespéré chronique se rendait compte de l'influence bienfaisante de la bonne humeur et de la joie sur notre état de santé au point de déclarer: « Les meilleurs médecins du monde sont les docteurs Sobriété, Sérénité et Joie. » Nous pouvons tous disposer gratuitement, à toute heure, du matin au soir des soins éclairés du « docteur Joie », en pensant continuellement aux richesses que nous possédons, des richesses qui dépassent les trésors fabuleux d'Ali Baba. Accepteriez-vous de vendre vos deux yeux pour un milliard de dollars? Combien exigeriez-vous pour vos jambes? Vos mains? Votre ouïe? Vos enfants? Faites le total de votre actif, et vous constaterez que vous ne le cèderiez pas pour tout l'or amassé par Ford, Rockefeller et Pierpont Morgan réunis.

Mais apprécions-nous notre bonheur? Pas du tout. Comme Schopenhauer l'a dit: « Nous pensons rarement à ce que nous possédons, mais toujours à ce qui nous manque. » Et cette tendance que nous avons à toujours penser à ce qui nous manque constitue la plus grande tragédie de la vie. Elle a probablement causé plus de soucis que toutes les guerres et toutes les épidémies de l'Histoire.

Cette même manie fit de John Palmer un vieux ronchonneur qui ruina presque son ménage. John Palmer vit à Paterson, New Jersey. C'est lui-même qui m'a raconté son histoire:
« Peu après la démobilisation, je me suis établi à mon compte. Au début, tout allait bien. Puis les ennuis ont commencé. Je n'arrivais pas à me procurer les pièces détachées et les appareils dont j'avais besoin et je craignais d'être obligé de tout abandonner. J'étais stressé, je devins maussade, agressif... A l'époque, je ne m'en rendis pas compte; mais aujourd'hui, je comprends que j'ai failli démolir mon foyer. Or, un jour, un ancien combattant, qui travaillait pour moi, me dit: " Vraiment, Johnny, tu devrais avoir honte. A te voir, on croirait que personne au monde n'a autant de problèmes que toi. En admettant même que tu sois obligé

de fermer boutique, et après? Tu la rouvriras quand les affaires iront mieux. Tu as quantité de raisons d'être content de ton sort mais tu ne fais que rouspéter du matin au soir. Mon vieux, je donnerais cher pour être à ta place. Regarde-moi, il ne me reste qu'un bras, un éclat d'obus m'a défiguré. Est-ce que je me plains? Si tu ne cesses pas de râler et de maugréer, tu perdras non seulement tes affaires, mais aussi ta santé, ton ménage, et tes amis. " Ce petit sermon me fit réfléchir. Je me rendis compte que je n'étais guère à plaindre et décidai de changer, de redevenir l'homme calme et courageux que j'avais été, ce que j'ai réussi à faire ».

Je puis vous citer encore un autre exemple, celui d'une amie, Lucile Blake, dont la vie a failli tourner à la tragédie avant qu'elle n'apprenne à se réjouir de ce qu'elle possédait. J'avais fait la connaissance de Lucile à l'époque où nous étudiions tous les deux à l'école de journalisme de l'Université de Columbia. Elle habitait alors à Tucson, dans l'Arizona. Quelques années plus tôt, elle avait eu le choc de sa vie.

« Je vivais dans un tourbillon d'activités : j'étudiais l'orgue à l'Université, donnais des leçons d'élocution et faisais des conférences sur la musique classique. J'étais continuellement invitée à des soirées qui se prolongeaient tard dans la nuit. Un beau jour, alors que j'étais sur le point de sortir, je m'évanouis. Le cœur! " Il va falloir que vous gardiez le lit pendant un an, me dit le médecin. Repos absolu, votre vie en dépend. " Je lui demandai si j'allais retrouver mes forces. Il éluda la question. Passer toute une année au lit comme une infirme et peut-être en mourir! J'étais paniquée. Pourquoi ce malheur m'arrivait-il? Qu'avais-je fait pour le mériter? Je pleurais et me révoltais contre mon sort. Mais je gardais le lit, comme le médecin me l'avait ordonné. Puis, un de mes voisins, un jeune peintre, me dit : " Pour l'instant, vous pensez qu'il est tragique d'être obligée de garder le lit pendant un an. Mais vous verrez que non. Vous allez avoir le temps de réfléchir, de faire plus ample connaissance avec vous-même. Votre esprit mûrira au cours de ces douze mois bien plus qu'il n'a pu le faire durant les années que vous avez vécues jusqu'à présent. "

« Peu à peu, en effet, je me calmai, et je m'efforçai d'acquérir une nouvelle échelle de valeurs. Un soir, j'entendis à la radio une phrase étonnante : " On ne peut exprimer que ce que l'on ressent dans sa propre conscience. " J'avais déjà lu ou entendu des phrases de ce genre, mais à présent, ces paroles me pénétraient et prenaient racines. Je décidai de ne penser qu'au bonheur, à la joie, à la santé. Chaque matin, dès mon réveil, je m'efforçais de passer en revue toutes mes raisons d'être heureuse : pas de douleur, la musique de la radio, mes yeux, mes oreilles, le plaisir de pouvoir lire pendant des heures, une nourriture saine, des amis... Au bout de quelques semaines, j'étais si joyeuse, je recevais tant de visites, que le médecin fit mettre à ma porte une pancarte interdisant, à certaines heures, l'entrée de ma chambre à plus d'une personne à la fois.

« Bien des années ont passé et je mène à nouveau une existence active, bien remplie. Aujourd'hui encore, je suis heureuse d'avoir passé une année magnifique et salutaire au lit. Bien entendu, j'ai conservé l'habitude de faire chaque matin le bilan de tout ce dont je bénéficie, je n'y renoncerais pour rien au monde. J'ai honte de n'avoir appris à vivre qu'au moment où je craignais de mourir. »

En somme, Lucile Blake a découvert, sans s'en rendre compte, la même vérité que Samuel Johnson avait formulée deux siècles plus tôt : « L'habitude de considérer le bon côté de chaque événement est infiniment plus précieuse qu'une rente de mille livres par an. » Remarquez que cette phrase a été écrite, non par un optimiste béat, mais par un homme qui, pendant vingt ans, a connu l'angoisse du lendemain, la misère, la faim, pour devenir finalement un des premiers écrivains et le plus brillant conférencier de sa génération.

Un philosophe américain, Logan Pearsall Smith, a condensé un trésor de sagesse en quelques lignes : « Il y a, dans notre vie, deux buts à atteindre : d'abord, obtenir ce que nous voulons; ensuite, nous en réjouir. Seuls les plus intelligents parviennent au second. »

Aimeriez-vous savoir comment on peut transformer la corvée quotidienne de la vaisselle en un véritable plaisir? Alors, lisez le livre admirable, intitulé *Je voulais voir!*, écrit par Borghild Dahl, une femme qui, pendant cinquante ans, a vécu pratiquement aveugle.

« Je ne voyais que d'un œil, écrit-elle, et il était tellement abîmé que je ne pouvais voir qu'à travers une petite ouverture. » Mais elle refusait toute pitié, toute concession à son infirmité. Petite fille, elle voulait jouer à la « marelle » avec les enfants du voisinage, mais elle ne pouvait voir les marques tracées à la craie. Alors, quand les autres étaient rentrés chez eux, elle rampait sur le pavé, le visage près du sol, pour suivre les traits. Elle finit par connaître chaque pouce du trottoir où elle jouait avec ses petits amis et devint imbattable. Pour lire, elle se servait de livres imprimés en gros caractères, tenant les pages près de son œil. Ainsi, elle parvint à décrocher deux diplômes : l'un de culture générale, de l'Université du Minnesota, l'autre de licenciée ès lettres, de l'Université de Columbia.

Elle débuta comme institutrice dans un petit village et poursuivit sa carrière jusqu'à devenir professeur de littérature et de journalisme au collège Augustana, à Sioux Falls, dans le Dakota du Sud. Elle y resta treize ans. Par ailleurs, elle faisait des conférences dans les clubs féminins et même à la radio. « J'avais toujours gardé la peur d'une cécité totale, raconte-t-elle dans son livre. Afin de surmonter cette hantise, j'avais adopté dans la vie une attitude joyeuse, presque exubérante. »

Puis, à l'âge de cinquante-deux ans, elle vécut un petit miracle : une nouvelle opération multiplia par quarante ses facultés visuelles. Un univers nouveau, infiniment beau et passionnant s'ouvrit à elle. Elle éprouva un plaisir intense à faire même sa vaisselle. « Je joue d'abord longuement avec l'écume blanche, explique-t-elle. Je plonge les mains dans l'eau et saisis une grosse bulle de savon. Je me tourne vers la lumière et je vois briller les couleurs d'un petit arc-en-ciel. » Regardant par la fenêtre de sa cuisine, elle s'émerveillait « du vol des moineaux traversant les gros flocons de neige ». Elle éprouvait une telle extase à contempler les bulles de savon et à observer les oiseaux qu'elle termina son livre par ces paroles : « Notre Père qui êtes aux Cieux, je vous remercie, je vous remercie ! »

Est-ce qu'une chose pareille nous viendrait à l'idée : remercier Dieu parce qu'il nous permet de faire la vaisselle, contempler un amas de bulles de savon et observer des moineaux volant dans la neige? Vous et moi pourrions avoir honte. Car depuis notre naissance, nous vivons dans un monde infiniment beau et sommes généralement trop aveugles pour voir, trop saturés pour nous réjouir.

Principe n° 17
Enumérez vos raisons d'être heureux – et non vos malheurs.

CHAPITRE 18

QUE GAGNEZ-VOUS À MIEUX VOUS CONNAÎTRE?

Une jeune mère de famille épanouie m'a raconté les difficultés qu'elle avait rencontrées pour atteindre la sérénité.
« Enfant et adolescente, très émotive, plutôt rondelette, je me sentais différente des autres et faisais tout pour éviter le sport et les sorties.
« A vingt-quatre ans, je me suis mariée avec un homme plus âgé que moi. Tous les membres de ma belle-famille étaient des gens parfaitement équilibrés et sûrs d'eux, ce que je n'étais pas. Pour répondre à leurs amabilités, je m'efforçais d'être enjouée, mais avec exagération, ce qui me déprimait.
« Une remarque de ma belle-mère changea pourtant le cours de ma vie. Elle me dit un jour, en parlant de l'éducation de ses enfants : « *En toute circonstance, je les ai aidés à être eux-mêmes...* » Etre soi-même! En un éclair, je compris que, jusque-là, j'avais essayé de répondre aux souhaits de mon entourage et non à mon caractère. Je me suis alors mise à l'écoute de ma propre personnalité, pour trouver mon style, mes points forts et mes points faibles. J'ai choisi des vêtements dont la coupe et les couleurs m'avantageaient. En entrant dans un club féminin j'ai noué de nouvelles relations. Il m'a fallu faire un gros effort pour intervenir la première fois, mais par la suite, ma confiance s'est affirmée. J'ai repris goût à la vie et je suis aujourd'hui infiniment plus heureuse que je n'avais jamais osé l'espérer. Maintenant, j'élève mes enfants et m'efforce de leur inculquer cette leçon si importante : " En toute circonstance, soyez vous-mêmes ! " »

La volonté d'être soi-même répond à une aspiration profonde de l'être humain. Le mimétisme, en revanche, est à l'origine de stress et de bon nombre de névroses et de complexes. Cette déformation mentale, ce désir d'imiter les autres est bien connu dans le milieu du cinéma. Sam Wood, un des grands producteurs de Hollywood, dit que c'est ce qui le contrarie le plus chez tant de jeunes acteurs. La plupart cherchent à copier Clark Gable ou Ingrid Bergman. Il leur dit : « Le public connaît cela, il veut quelque chose de nouveau. »
Avant de produire de grands films tels que *Pour qui sonne le glas* et *Au revoir M. Chips*, Sam Wood avait travaillé plusieurs années dans une agence immobilière. Il estime que cette idée s'applique au monde des affaires comme au monde du cinéma. Inutile de vouloir singer les autres ou de faire le perroquet. « L'expérience m'a appris à écarter le plus vite possible les gens qui essaient de se faire passer pour ce qu'ils ne sont pas », dit-il.

J'ai demandé à Paul Boynton, chef du personnel d'une grande société pétrolière, quelle était à son avis la plus grave erreur commise par ceux qui sollicitent un emploi. Il avait interviewé plus de 60 000 candidats dans sa carrière... Il m'a répondu : « L'erreur la plus flagrante dans les entretiens d'embauche, c'est de ne pas être naturel. Au lieu de se présenter franchement, beaucoup de candidats essaient de deviner les réponses que j'attends d'eux. Cette méthode ne marche pas, car elle produit une désagréable impression de fausse monnaie. »

Le professeur William James parlait probablement des personnes qui n'ont jamais découvert leur véritable personnalité quand il déclarait que l'individu moyen ne développe pas plus de 10 % de ses facultés latentes. Il ajoutait : « Comparés à notre potentiel, nous ne sommes qu'à demi éveillés. Nous n'utilisons qu'une faible partie de nos ressources physiques et mentales. L'être humain vit en deçà de ses capacités. Il possède des trésors de talents qu'il laisse dormir. »
Vous et moi possédons ces talents, donc ne gaspillons pas une seconde à regretter de n'être pas comme d'autres. Vous êtes une personne unique au monde. Jamais, depuis le commencement des temps, un être humain n'a été exactement semblable à vous; et jamais dans les temps à

venir ne naîtra une personne exactement comme vous. Votre génétique est une combinaison de vingt-quatre chromosomes apportés par votre père et votre mère. D'après les connaissances actuelles, les scientifiques considèrent qu'il existe une chance sur 300 000 milliards pour que deux personnes nées du même père et de la même mère aient exactement le même patrimoine génétique!

Je peux parler avec conviction de l'importance d'être soi-même parce que je la ressens profondément. Je le sais par expérience. La première fois que je suis venu à New York, c'était pour étudier à l'Académie américaine d'art dramatique. Je désirais devenir acteur. J'avais une idée brillante qui devait me mener droit au succès. Mon plan d'attaque pour y arriver était si simple, si infaillible, que je ne comprenais pas pourquoi des milliers de jeunes gens ambitieux ne l'avaient pas déjà découvert. J'étudierai les effets que produisaient les acteurs célèbres de l'époque : John Drew, E. H. Sothern, Walter Hampden et Otis Skinner. Ensuite, j'imiterai les points forts de chacun et deviendrai un mélange brillant et triomphant de tous! C'était absurde et même pitoyable... J'ai gâché des années entières de ma vie à essayer d'imiter d'autres personnes avant que l'idée d'être moi-même, et personne d'autre, n'entre enfin dans ma caboche.

De même, il y a de nombreuses années, j'entrepris d'écrire le meilleur livre jamais écrit sur l'art de parler en public à l'intention des hommes d'affaires. J'avais la même idée stupide au sujet de ce livre que celle que j'avais précédemment au sujet du théâtre. J'allais emprunter les idées de beaucoup d'autres écrivains et les condenser. M'étant procuré des dizaines de volumes sur la façon de parler en public, j'ai passé un an à en extraire des idées pour mon manuscrit. Il m'est enfin apparu à nouveau que ce que je faisais était stupide. Ce pot-pourri d'idées était si général et ennuyeux, qu'aucun lecteur sensé n'aurait persévéré dans sa lecture. J'ai donc jeté au panier le travail de toute une année et j'ai recommencé à zéro.

Cette fois, je me suis dit : « Tu dois être Dale Carnegie, avec toutes tes forces et tes faiblesses. Tu ne peux absolument pas être quelqu'un d'autre. » J'ai abandonné l'idée de faire la synthèse des idées des autres. J'ai retroussé mes manches et fait ce que j'aurais dû faire dès le début : écrire un texte tiré de mon expérience, de mes observa-

tions et de mes convictions personnelles. Je l'ai intitulé *Comment parler en public*.
Pourquoi ne pas profiter de la leçon que j'en ai tirée? N'essayez pas d'imiter les autres, soyez vous-même.

Suivez le sage conseil qu'Irving Berlin a donné à George Gershwin. Quand ils se sont rencontrés pour la première fois, Berlin était déjà célèbre, et Gershwin était un jeune compositeur travaillant pour 35 dollars par semaine dans Tin Pan Alley. Berlin, impressionné par le talent de Gershwin, lui offrit un poste de secrétaire musical avec un salaire trois fois plus élevé. « Mais n'acceptez pas cet emploi », lui dit Berlin. « Si vous le faites, vous risquez de devenir un Berlin de second ordre. Tandis que si vous persistez à être vous-même, un jour vous deviendrez un Gershwin de première valeur. » Gershwin suivit ce conseil et devint peu à peu l'un des compositeurs américains marquants de sa génération.

Au début de la carrière de Charlie Chaplin, le metteur en scène voulait que celui-ci imite un comédien allemand connu, mais Charlie Chaplin ne progressa pas tant qu'il ne suivit pas son propre style. Bob Hope eut une expérience similaire et devint célèbre lorsqu'il put donner libre cours à son humour.

En dernière analyse, tout art est autobiographique. Nous ne pouvons chanter, peindre, écrire, communiquer que ce que nous sommes. Nous devons être ce que notre hérédité, notre entourage, notre expérience, notre réflexion et notre volonté ont fait de nous. Nous devons cultiver notre propre jardin. Pour le meilleur et pour le pire, nous devons jouer de notre propre instrument dans l'orchestre de la vie.
Comme le dit Emerson dans son essai *La Confiance en soi*: « Arrive un moment dans la formation de tout homme où il en vient à la conviction que l'imitation est un suicide. La puissance qu'il possède en lui est nouvelle et personne d'autre que lui ne sait ce dont il est capable; et lui-même ne le sait qu'après avoir essayé. »

Principe n° 18
N'imitez pas les autres. Soyez vous-même.

CHAPITRE 19

QUE POUVEZ-VOUS FAIRE D'UN CITRON?

En préparant ce livre, j'ai interviewé Robert Maynard Hutchins, recteur de l'Université de Chicago. Je lui ai demandé comment il dominait le stress. Il me répondit : « J'ai toujours essayé de suivre le conseil que m'a donné Julius Rosenwald, ancien président de la chaîne de distribution Sears, Rœbuck : *" Si vous n'avez qu'un citron, faites une citronnade. "* »

C'est ce que fait un vrai leader. Un imbécile ferait exactement le contraire. S'il considère que le destin ne l'a pas bien traité, il abandonne et se déclare fichu : « C'est la vie. Je n'ai pas de chance. » Ensuite il crie à l'injustice et se plaint. L'homme avisé qui subit une déconvenue se dit : « Quelle leçon puis-je en tirer? Comment puis-je améliorer la situation? Comment puis-je, de ce citron, faire une citronnade? »

Le grand psychologue Alfred Adler a déclaré : « Une des qualités les plus merveilleuses de l'homme est sa faculté de transformer un désavantage en avantage. »

Voici l'histoire d'une femme qui y est parvenue. Il s'agit de Thelma Thompson. « C'est la guerre, m'écrit-elle, et mon mari est affecté à un camp d'entraînement, sur les bords du désert de Mojave, au sud de la Californie. Je l'ai rejoint pour être près de lui et depuis le premier jour, je déteste ce pays. Jamais encore, je n'ai été aussi malheureuse. La plupart du temps, mon mari est absent, participant aux manœuvres, et je reste seule dans notre cabane. La chaleur est intolérable, près de cinquante degrés à l'ombre. Personne à qui parler. Un vent brûlant souffle du matin au soir. La nourriture et l'air sont pleins de sable. Je suis abattue. J'écris à mes parents pour leur dire que je vais rentrer, que je suis incapable de rester un jour de plus dans cet enfer. En guise de réponse, mon père m'envoie une feuille portant deux vers, deux vers qui chanteront toujours dans mon cœur et qui ont changé mon existence :

Derrière les barreaux de leur même prison,
Un homme voit la boue, l'autre un vaste horizon.

« Je lis ces lignes, une fois, deux fois, dix fois. Et, brusquement, j'ai honte de mon attitude et décide de chercher ce qu'il y a de bon dans ma situation actuelle : je contemple l'horizon. Je me lie d'amitié avec les gens du pays, et suis stupéfaite de leurs réactions. Je manifeste un intérêt pour leurs poteries et leurs tissus, ils m'offrent des pièces qu'ils avaient refusé de vendre à des touristes. J'étudie les formes bizarres, extraordinaires des cactus, des yuccas et des arbres de Josué. J'observe les mœurs des chiens de prairie, je m'émerveille des couchers de soleil, si majestueux dans le désert, et me mets à collectionner les coquillages enterrés dans le sable depuis des millions d'années.

« Pourquoi ce changement surprenant? Le désert n'a pas changé. Mais moi, j'ai changé. Ou, plutôt, mon attitude s'est transformée, au point que cette époque malheureuse devint l'aventure la plus passionnante de ma vie. Stimulée et même emballée par cet univers que je viens de découvrir, j'écris un roman qui a été publié sous le titre *Les Clairs Remparts*... J'avais regardé par la fenêtre de la prison que je m'étais créée moi-même, et j'avais trouvé mon horizon. »

Le bonheur n'est pas surtout fait de plaisir, il est surtout fait de victoire. La victoire qui provient d'un sentiment d'accomplissement, d'un « plus » réalisé à partir d'un « moins ».

J'ai fait en Floride la connaissance d'un fermier qui avait même réussi à faire « une citronnade avec un citron venimeux ». En arrivant sur la propriété qu'il venait d'acheter, cet homme avait eu une terrible déception. La terre était tellement stérile qu'il ne pouvait ni faire pousser des fruits, ni élever des porcs. Rien ne vivait sur ce sol maudit, à part quelques chênes nains et des légions de serpents à sonnettes. Puis, il eut une idée géniale : il allait transformer son passif en actif, en tirant profit de cette abondance de serpents à sonnettes. Au grand étonnement de tout le monde, il se mit à vendre de la viande de serpent en boîtes. Lors de ma visite qui remonte à plusieurs années, j'ai pu constater qu'environ vingt mille touristes visitaient chaque année son élevage de serpents. C'était, en effet, une entreprise prospère. Des milliers de fioles contenant du poison recueilli des dangereux reptiles étaient expédiées chaque semaine aux laboratoires spécialisés dans la fabrication des sérums anti-venimeux. Les peaux étaient vendues à des prix fabuleux pour fabriquer des chaussures et des sacs en serpent. J'achetai une carte illustrée, montrant les bâtiments de la ferme, et la postai au petit village rebaptisé « Rattlesnake, Florida » en l'honneur d'un homme qui, d'un citron venimeux, avait su faire une belle citronnade.

Au cours de mes nombreux voyages à travers les Etats-Unis, j'ai eu la chance de rencontrer des dizaines d'hommes et de femmes qui ont prouvé qu'ils étaient capables de « transformer un moins en un plus ».

William Bolitho, l'auteur de *Douze Hommes contre les Dieux*, formula ce principe : « L'essentiel dans la vie n'est pas la faculté de tirer profit de ses gains. N'importe qui en est capable. Ce qui importe vraiment, c'est de savoir profiter des pertes que l'on subit. Pour cela, il faut de l'intelligence; et c'est ce talent qui fait toute la différence. » Bolitho a écrit cette phrase après avoir perdu une jambe dans un accident de chemin de fer.

Mais je connais un homme qui a perdu les deux jambes et qui a réussi le tour de force de transformer ce moins en un plus. Il s'agit de Ben Fortson dont je fis la connaissance à Atlanta. Comme je montais dans l'ascenseur, je remarquai un homme, à l'expression joyeuse, assis au fond de la cabine dans son fauteuil roulant. Quand l'ascenseur s'arrêta à son étage, il me pria, d'une voix agréable, de bien vouloir me déplacer pour lui permettre

de sortir. « Navré, ajouta-t-il, de vous déranger ainsi », et je le vis sourire tranquillement.
Repensant ensuite à cette personne, handicapée et joviale, je me mis à sa recherche. Je lui demandai de me dire l'histoire de sa vie, qu'il raconta de bonne grâce.
« L'accident qui a fait de moi un infirme s'est produit quand j'avais vingt-quatre ans. J'étais parti pour couper des perches de noyer comme tuteurs pour mes haricots. Sur le chemin du retour, tout à coup, une des perches glissa sous la voiture et bloqua la direction au moment précis où je prenais un tournant assez brusque. La voiture s'écrasa contre un arbre. Ma colonne vertébrale fut atteinte, j'eus les deux jambes paralysées. Depuis cet accident, je n'ai plus fait un pas. »
Je lui demandai comment il avait trouvé la force de supporter son malheur si courageusement, et il répondit : « Je le supportais très mal. Je me révoltais, je criais mon désespoir. Puis, à mesure que les années passaient, je me rendais compte que ma révolte ne servait à rien, sauf à accroître encore mon amertume. Finalement, j'ai remarqué que les personnes autour de moi se montraient aimables et généreuses. Donc, je devais au moins m'efforcer d'être aussi aimable envers eux.
– Aujourd'hui, considérez-vous toujours votre accident comme une terrible catastrophe ?
– Non, répondit-il sans hésitation. Je suis presque heureux qu'une telle chose me soit arrivée. »
Il m'expliqua qu'après avoir surmonté le choc et l'amertume, il avait commencé à vivre dans un univers différent. Il s'était mis à lire et avait fini par devenir passionné de bonne littérature. En quatorze ans, il avait lu mille quatre cents livres, qui lui avaient ouvert des horizons nouveaux et avaient considérablement enrichi son existence. Il avait appris à apprécier la musique classique. Mais surtout, il avait eu le temps de réfléchir. « Pour la première fois, je fus en mesure de considérer le monde et de considérer de nouvelles valeurs. Je commençais à comprendre que, le plus souvent, les buts que j'avais visés ne valaient guère ma peine. »
Ses lectures lui ayant donné le goût des questions politiques, il entreprit des études économiques et sociales. Il s'y appliqua avec une telle ardeur que, bientôt, il fit des discours et des conférences ! Beaucoup de gens commençaient à le connaître et Ben Fortson devint gouverneur de l'Etat de Géorgie !

L'animation de mes stages à New York m'a fait découvrir qu'un des regrets majeurs de bien des adultes est de n'avoir pas pu étudier à l'Université. Ils croient que c'est un lourd handicap. Je sais que cela n'est pas nécessairement vrai, car j'ai connu des milliers d'hommes qui peuvent s'enorgueillir d'une belle carrière, sans avoir jamais mis les pieds à l'Université. C'est pourquoi je raconte souvent à mes participants l'histoire d'un homme qui n'avait même pas terminé l'école primaire.

Il était d'une famille pauvre. A la mort de son père, sa mère fut obligée de prendre un emploi dans une manufacture de parapluies, où elle travaillait dix heures par jour et rapportait encore de quoi travailler à la maison jusqu'à vingt-trois heures.

Le garçon, élevé dans ces conditions, fit partie d'un groupe de théâtre amateur, organisé par la paroisse. Il décida d'apprendre à parler en public et s'orienta finalement vers la politique. A trente ans, il fut élu à l'Assemblée législative de l'Etat de New York. Mais sa formation était insuffisante pour un poste comportant de telles responsabilités. Il étudiait scrupuleusement les textes complexes pour lesquels il devait voter, mais ces propositions de loi auraient tout aussi bien pu être écrites dans la langue d'une tribu indienne. Il fut inquiet quand on le bombarda membre de la commission des Eaux et Forêts, lui qui n'avait encore jamais vu de forêt. Et plus inquiet encore lorsqu'on le nomma membre de la commission de contrôle de la Banque d'Etat, alors qu'il n'avait encore jamais eu de compte en banque. Il m'a avoué qu'à cette époque-là, il s'était senti tellement découragé qu'il aurait volontiers donné sa démission, s'il n'avait pas eu honte d'admettre son échec devant sa mère. En désespoir de cause, il prit la décision d'étudier seize heures par jour et de transformer son handicap en réussite.

De politicien local, il devait devenir une des personnalités les plus marquantes de la nation, l'homme que le *New York Times* a appelé « le citoyen le plus populaire de New York ». Je veux parler d'Al Smith, l'homme qui, quatre fois de suite, fut élu gouverneur de l'Etat de New York : un fait sans précédent! En 1928, il était candidat du parti démocrate aux élections présidentielles. Six universités, parmi lesquelles Columbia et Harvard, ont conféré des diplômes d'honneur à cet homme qui n'avait même pas terminé ses études élémentaires! Il m'a dit lui-même que rien de tout cela ne lui serait arrivé s'il n'avait pas travaillé seize heures par jour pour transformer son infériorité en supériorité.

Nietzsche a défini ainsi l'homme idéal : « Celui qui, non seulement résiste à l'épreuve, mais l'envisage comme un défi. »

Plus j'étudie la carrière des hommes exceptionnels, plus s'affermit ma conviction qu'ils se sont souvent distingués parce qu'ils ont débuté avec un handicap qui les a incités à se dépasser et à se fixer des objectifs élevés.

Comme l'a dit William James : « Nos infirmités nous apportent une aide inattendue. » En effet, il est très possible que Milton eût été un moins grand poète s'il n'avait été aveugle, que Beethoven n'eût pas composé de telles œuvres s'il n'était pas devenu sourd. La carrière brillante d'Helen Keller fut certainement inspirée et même rendue possible par sa cécité et sa surdité. Si Tchaïkovski n'avait pas été frustré de sa part de bonheur, s'il n'avait pas été poussé presque au suicide par son mariage malheureux, il n'aurait jamais composé son immortelle *Symphonie pathétique*. De même, si Dostoïevski et Tolstoï n'avaient pas vécu une existence aussi tourmentée, ils n'auraient probablement pas écrit leurs chefs-d'œuvre. Charles Darwin, l'homme dont les théories hardies transformèrent radicalement la conception scientifique de l'évolution des espèces, a déclaré nettement que son infirmité lui avait apporté une aide inattendue : « Si je n'avais pas été aussi handicapé physiquement, je n'aurais certainement pas été capable de fournir autant d'efforts intellectuels. »
Le jour même où naquit Darwin, un autre enfant vint au monde dans une cabane en planches dans les forêts du Kentucky. Lincoln, lui aussi, devait trouver un secours inattendu dans sa pauvreté. Si Lincoln avait été élevé dans une famille aristocratique qui l'aurait envoyé à Harvard, s'il avait eu une vie conjugale heureuse, il n'aurait peut-être jamais trouvé au plus profond de son cœur les phrases sacrées qu'il prononça lors de sa réélection à la présidence des Etats-Unis, les paroles les plus belles, les plus nobles qu'un chef d'Etat eût trouvées : **« Sans méchanceté envers personne, généreux envers tous... »**

Supposons que nous soyons découragés au point de croire que nous n'arriverons jamais, avec le citron que le destin nous a donné, à faire une citronnade. Eh bien envisageons au moins deux raisons d'essayer, deux raisons pour lesquelles nous n'avons rien à perdre et tout à gagner. Premièrement, nous nous donnons une chance de réussir. Deuxièmement, même si nous ne réussissons pas, rien que l'effort entrepris pour transformer un moins en plus nous forcera à regarder en avant, plutôt qu'en arrière; il apportera des idées positives qui chasseront les pensées négatives; il libérera des énergies créatrices et nous incitera à nous occuper, tant et si bien que nous n'aurons plus ni le temps ni l'envie de ruminer ce qui est définitivement passé.

Tirez parti de vos épreuves, vous cultiverez une attitude mentale qui vous apportera paix et bonheur.

Principe n° 19
Tirez parti de vos épreuves.

CHAPITRE 20

L'ANTIDOTE DE LA DÉPRIME

Le Dr Frank Loope, de Seattle dans l'Etat de Washington fut invalide pendant les vingt-trois dernières années de sa vie. Et pourtant, Whithouse, rédacteur en chef de *L'Etoile de Seattle,* m'a dit : « J'ai interviewé le Dr Loope plusieurs fois; et jamais je n'ai rencontré un homme aussi généreux et plus heureux de vivre que ce grand invalide. » Comment cet homme, condamné à ne plus quitter son lit, réussissait-il à tirer tant de satisfactions de son existence? Il y arriva, en adoptant la devise du Prince de Galles : « *Ich dien* » (Je sers). Il se procurait les noms et les adresses d'autres invalides et s'efforçait de leur remonter le moral en leur écrivant des lettres enjouées, encourageantes. En fait, il organisa le club « Shut-in Society » de correspondance des invalides, dont les adhérents s'écrivaient régulièrement. Une organisation qui couvrait tout le territoire des Etats-Unis. De son lit, il écrivait une moyenne de mille quatre cents lettres par an, et apportait du bonheur à des milliers d'hommes et de femmes en leur faisant parvenir des livres et des postes de radio.

Quelle est, au fond, la différence essentielle entre le Dr Loope et tant d'autres gens? C'est très simple : le Dr Loope avait en lui le feu sacré de toute personne ayant un but, une mission. Il avait la joie d'être dévoué à un idéal infiniment plus grand que sa propre existence, au lieu d'être, pour employer une formule de George Bernard Shaw, « un petit tas de douleurs qui se lamente parce que l'univers ne veut pas se consacrer uniquement à son bonheur »

Le grand psychiatre Alfred Adler employait fréquemment, pour guérir des personnes dépressives, une méthode d'une simplicité étonnante. Il leur disait : « Vous pouvez guérir en deux semaines, si vous appliquez la prescription suivante : chaque jour, trouvez le moyen de faire plaisir à quelqu'un. »

Rendre service, c'est faire une bonne action. Qu'est-ce qu'une bonne action? « C'est, dit le prophète Mahomet, celle qui fait apparaître un sourire sur le visage d'un autre. » La bonne action quotidienne a une influence bénéfique sur son auteur, parce qu'en cherchant à faire plaisir à d'autres, nous cessons de penser uniquement à nous-mêmes.

L'individu qui ne s'intéresse pas à ses semblables est celui qui rencontre le plus de difficultés dans l'existence.

Je pourrais remplir un livre avec des histoires de personnes qui, en oubliant leur malheur, ont retrouvé joie de vivre et santé. Prenons le cas de Margaret Yates, une des femmes les plus populaires de la Marine des Etats-Unis. Mrs. Yates est romancière, mais aucun de ses romans policiers n'est aussi passionnant que le récit de son histoire le jour de l'attaque japonaise sur Pearl Harbor. A cette époque, cela faisait un an que Mrs. Yates souffrait de graves troubles cardiaques. Elle était obligée de rester alitée toute la journée. Le plus long trajet qu'elle pouvait entreprendre consistait en une brève promenade au jardin, pour un bain de soleil. A cette date, elle pensait ne plus jamais recouvrer ses forces.
Voici ses paroles : « Il est certain que je n'aurais jamais recommencé à vivre normalement, si les Japonais, en attaquant Pearl Harbor, ne m'avaient arrachée brutalement à mon apathie. Dès le début, toute la ville fut plongée dans le chaos. Une bombe tomba si près de notre maison que la déflagration me jeta au pied du lit. Des camions de l'armée furent envoyés en hâte dans différents campements pour regrouper les femmes et les enfants des soldats et des marins. En même temps, la Croix-Rouge téléphonait à ceux qui disposaient d'une habitation assez grande pour accueillir les sinistrés. Certains savaient que

j'avais un téléphone sur ma table de chevet, ils me demandèrent de servir de centre de renseignements. La Croix-Rouge indiqua mes coordonnées aux diverses unités de l'armée et de la flotte pour toute information concernant les familles. Je sus bientôt que mon mari était sain et sauf et m'efforçai de consoler les nombreuses femmes devenues veuves. Deux mille cent dix-sept officiers, soldats et marins furent tués au cours de cette journée tragique, et neuf cent soixante furent portés manquants.
« Au début, je répondais aux appels téléphoniques en restant couchée. Puis, je travaillais assise et au bout de quelques heures, j'étais tellement occupée et stimulée, qu'oubliant ma faiblesse, je sortis du lit et m'installai à une table. En essayant d'aider d'autres bien plus touchés que je ne l'étais, je m'oubliai moi-même et ne me remis plus jamais au lit sinon pour mon repos nocturne. Je sais aujourd'hui que, sans cette attaque, je serais probablement restée à moitié infirme jusqu'à la fin de mes jours. Je me trouvais bien dans mon lit, objet d'une constante sollicitude. Mais à mon insu, je perdais toute volonté de guérir. L'attaque de Pearl Harbor fut une immense tragédie, mais en ce qui me concerne, elle fut un véritable remède. Elle me fit découvrir des forces que je ne soupçonnais pas et me força à tourner mon attention sur le sort des autres. Elle donna à ma vie un but, quelque chose de grand, de vraiment important. »

Un bon tiers des personnes qui se rendent chez un psychiatre pourraient probablement guérir en suivant l'exemple de Margaret Yates : chercher à aider quelqu'un d'autre. Ne croyez pas que ce soit là une de mes idées. Je ne fais que répéter et amplifier ce qu'a dit le psychiatre Carl Jung : « Environ trente pour cent de mes clients souffrent non pas d'une névrose cliniquement définissable, mais du sentiment d'inutilité et du vide de leur existence. »

Peut-être allez-vous penser : pour moi, les choses se présentent tout autrement; je mène une existence ordinaire, normale. J'ai un travail qui m'occupe huit heures par jour, il ne m'arrive jamais rien de sensationnel. Comment voulez-vous que je me passionne pour les malheurs des autres. Et d'abord, pourquoi les aiderais-je? Quel avantage pourrais-je y trouver? Question naturelle à laquelle je

m'efforcerai de répondre. Vous rencontrez certainement au moins deux ou trois personnes tous les jours, n'est-ce pas? Et alors, que faites-vous? Vous contentez-vous de les considérer avec indifférence, ou essayez-vous de découvrir ce qui les intéresse? Par exemple le facteur qui, chaque année, parcourt des centaines de kilomètres pour vous apporter le courrier à domicile. Avez-vous déjà cherché à savoir où il habite? Avez-vous songé, une seule fois, à lui demander s'il est fatigué de faire tous les jours ce trajet, quel que soit le temps? Et tous les autres que vous voyez continuellement : le gardien de votre immeuble, le vendeur de journaux? Des êtres humains, tout comme vous, avec leurs soucis, leurs rêves, leurs ambitions. Et ils seraient certainement heureux de les partager avec quelqu'un. Leur en avez-vous donné la possibilité? Leur avez-vous manifesté un intérêt sincère, spontané? Voilà ce dont je veux parler. Pour embellir votre univers, vous n'avez pas à devenir un grand bienfaiteur; vous pouvez commencer simplement en vous occupant dès demain de ceux que vous rencontrez, chez vous et au travail.
Quels avantages y trouverez-vous? Un bonheur accru, une satisfaction plus grande, une certaine fierté! Aristote a appelé cette attitude « un égoïsme éclairé ». Zarathoustra a dit : « Faire du bien à ses semblables n'est pas seulement un devoir. C'est une joie, car en agissant ainsi, on affermit son bien-être et sa santé. » Benjamin Franklin a résumé cette vérité par une formule très simple : « Lorsque vous êtes bon envers les autres, vous êtes au mieux envers vous-même. »

Penser aux autres ne vous aidera pas seulement à oublier vos propres préoccupations; cela vous permettra de transformer des relations en amitiés durables, et de mener une existence plus heureuse. Comment cela?

Voici l'approche du professeur William Phelps : « Je n'entre jamais dans un hôtel ou un magasin, sans dire un mot aimable aux gens que j'y rencontre. J'essaie de leur montrer que je les considère comme des individus, non pas comme les rouages d'une machine. Je fais par exemple un petit compliment à la jeune fille qui me sert dans un magasin, en soulignant un détail soigné de sa tenue, de sa coiffure ou en la remerciant pour son accueil. Je demande au coiffeur s'il n'est pas fatigué de rester debout toute la journée, pourquoi il a choisi ce métier ou à combien de clients il a coupé les cheveux. J'ai souvent constaté qu'il suffit de montrer aux gens que l'on s'intéresse à eux, même un court instant, pour les voir sourire. Je salue le porteur qui se charge de mes bagages. Cela lui donne un peu de courage et le met de bonne humeur.

« Tenez, l'année dernière, par une journée particulièrement torride, je déjeunais au wagon-restaurant du train pour New Haven. Le wagon était bondé, il y régnait une chaleur torride et le service était d'une lenteur désespérante. Quand le garçon put enfin m'apporter le menu, je remarquai : " Les gars qui travaillent aux cuisines doivent être à bout de forces par cette chaleur. – Bon sang, s'exclama le garçon, voilà dix-neuf ans que j'entends les gens qui viennent se plaindre de la nourriture, du service trop lent, de la chaleur, des prix et vous êtes le premier qui ait jamais eu l'idée de manifester un peu de sympathie pour les cuisiniers qui s'épuisent dans ce réduit bouillant. Je voudrais bien avoir d'autres clients comme vous. " Ce garçon était stupéfait de voir que je considérais les cuisiniers comme des êtres humains. C'est précisément ce que chacun demande : un minimum d'égards.

« Un jour, alors que je me promenais dans la campagne anglaise, j'ai rencontré un berger, et en bavardant, je lui ai exprimé mon admiration, très sincère d'ailleurs, pour l'intelligence et la vitalité de son chien. En m'éloignant, j'ai regardé par-dessus mon épaule : le chien avait mis ses pattes de devant sur la poitrine de son maître et celui-ci le caressait. En montrant à ce berger que je m'intéressais à lui et à son compagnon, j'avais fait trois heureux : l'homme, son chien et moi. Mon appréciation de l'animal avait confirmé, peut-être même renouvelé la sienne. »

Pouvez-vous imaginer qu'un homme qui serre la main des porteurs dans les gares, qui manifeste sa sympathie pour les cuisiniers devant leurs fourneaux brûlants, qui s'extasie sur le chien d'un inconnu, pouvez-vous vous imaginer qu'un tel homme soit morose ou soucieux? Difficile, n'est-ce pas? Comme le dit un proverbe chinois : **« Un peu de parfum adhère toujours à la main qui offre des roses. »**

Ce que je vais raconter maintenant n'intéressera que mes lectrices. Les hommes peuvent passer cette histoire, qui relate comment une jeune fille timide et malheureuse s'y est prise pour amener plusieurs hommes à la demander en mariage.

Je puis dévoiler ce petit stratagème car la jeune fille est aujourd'hui grand-mère. Il y a quelques années, j'ai passé une soirée chez elle et son mari. J'avais fait une conférence dans sa ville et le lendemain matin, elle m'emmena en voiture prendre un train pour New York. Comme nous parlions des différentes façons de nouer de nouvelles relations, elle me dit tout à coup : « M. Carnegie, je vais vous raconter quelque chose que je n'ai encore avoué à personne, pas même à mon mari. La tragédie de mon enfance et de ma jeunesse, commença-t-elle, était notre pauvreté. Tout en faisant partie de ce que l'on peut appeler les premières familles de Philadelphie, ma ville natale, nous ne pouvions jamais recevoir comme le faisaient les parents de mes amies. Mes robes n'étaient jamais de bonne qualité, j'étais obligée de les porter longtemps, souvent, elles étaient démodées et trop petites pour moi qui grandissais vite. J'en ressentais une telle honte, une telle humiliation que, fréquemment, je pleurais dans mon lit. A la fin, mon désespoir me donna l'idée, chaque fois que j'étais invitée à une soirée, d'interroger mon voisin de table sur ses occupations, ses goûts personnels, ses projets d'avenir. Je posais toutes ces questions non pas parce que je m'intéressais particulièrement aux réponses de mes voisins, mais uniquement pour les empêcher de détailler ma toilette. Or, il se passa une chose singulière : en écoutant ces jeunes gens parler, je commençais à m'intéresser vraiment à ce qu'ils disaient, au point d'oublier parfois mes vêtements. Le plus étonnant est que, sachant écouter mes cavaliers et les encourageant à parler d'eux-mêmes, ceux-ci prenaient plaisir à ma compagnie. Peu à peu, je devins la jeune fille la plus recherchée de notre groupe, et trois garçons demandèrent ma main ! »

Je sais que certains de mes lecteurs vont dire : « Tout ce bavardage sur l'intérêt que nous devons porter aux autres n'est qu'un discours moraliste, un prêche de curé ! Avec moi, ça ne prend pas, j'ai l'intention de saisir tout ce qui me passe à portée de la main, quant aux autres, ils peuvent aller au diable ! » Ma foi, si c'est là votre manière de voir, je n'y peux rien; chacun a le droit de vivre à sa façon. Je vous ferai cependant remarquer que, si vous avez raison, alors les grands philosophes dont l'Histoire a conservé les noms, Jésus, Confucius, Bouddha, Platon, Aristote, Socrate, saint François... ont incontestablement tort.

Mais si vous considérez avec mépris l'enseignement des grands maîtres religieux, permettez-moi de citer une personne dont l'avis aura peut-être plus de poids pour vous. L'Américain Théodore Dreiser, grand écrivain athée, n'a jamais manqué une occasion de ridiculiser toutes les religions. Pourtant il recommandait toujours un des principes essentiels du christianisme, l'amour du prochain. « Si l'homme veut trouver un peu de joie durant son séjour sur terre, déclarait-il, il doit s'efforcer d'améliorer et d'embellir non seulement sa propre vie, mais aussi celle des autres, car son épanouissement dépend de celui des autres, tout comme le leur dépend du sien. » Si nous voulons vraiment « améliorer et embellir la vie des autres », commençons immédiatement, le temps passe si vite.

Principe n° 20
Créez du bonheur autour de vous.

CINQUIÈME PARTIE

LE MOYEN IDÉAL DE VAINCRE LES SOUCIS

CHAPITRE 21

COMMENT MES PARENTS ONT SURMONTÉ LEURS SOUCIS

Je suis né et j'ai grandi dans une ferme du Missouri. Comme la plupart des fermiers d'alors, mes parents avaient la vie dure. Mon père avait été ouvrier agricole, et ma mère institutrice. C'est elle-même qui confectionnait non seulement mes vêtements, mais aussi le savon pour la toilette et la lessive.

Pour aller à l'école, je faisais deux kilomètres à pied. L'hiver le thermomètre descendait à –30°C. Je n'avais pas de bottes pour marcher dans la neige profonde.

Malgré le travail acharné de mes parents, nous étions toujours endettés et malchanceux. Le choléra décimait nos bêtes et les inondations détruisaient périodiquement nos cultures. Notre ferme était hypothéquée et nous n'avions pas de quoi payer les intérêts.

A quarante-sept ans, après plus de trente années de dur labeur, Père ne pouvait plus supporter toutes ces dettes et ces humiliations. Il se faisait du souci, ne mangeait plus et perdait la santé. Un jour, de retour de la ville où le banquier l'avait menacé de saisie, il arrêta ses chevaux sur un pont et descendit de sa carriole. Il resta un long moment à contempler le courant, se demandant s'il ne ferait pas mieux d'en finir.

Beaucoup plus tard, Père m'avoua que la seule chose qui l'avait retenu, c'était la foi profonde et joyeuse de ma mère. Elle avait la conviction que tout finirait par s'arranger. Mère avait raison, la situation s'améliora et Père vécut encore quarante-deux années heureuses.

Pendant ces années de lutte ingrate, Mère ne se laissa jamais abattre par les soucis. Elle offrait ses ennuis à Dieu dans la prière. Chaque soir, avant de nous coucher, elle nous lisait un chapitre de la Bible.
Après avoir songé à devenir missionnaire pour répondre au souhait de ma mère, je suis entré au collège et, progressivement, un changement s'est opéré en moi. J'ai commencé à douter des doctrines étroites enseignées par les prédicateurs de campagne. J'étais désorienté. J'ai alors cessé de prier.
D'après les données de la science, je savais que le soleil se refroidit lentement et qu'aucune forme de vie ne pourra plus exister sur la Terre lorsque sa température aura baissé de 10°C. Aussi, je souriais à l'idée d'un Dieu bienfaisant qui aurait créé l'homme à son image et qui serait à l'origine des milliards d'étoiles qui tournent dans l'espace.
Aucun homme n'a été capable d'expliquer le mystère de l'univers. Je ne prétends pas davantage connaître maintenant la réponse à toutes ces questions, mais j'ai évolué depuis vers un nouveau concept de la religion et j'ai pris goût à une vie plus large, plus riche, plus satisfaisante.

Francis Bacon proclamait, il y a plus de trois cents ans : « Un peu de philosophie éloigne l'homme de Dieu, beaucoup de philosophie l'en rapproche. »
La psychiatrie reconnaît que la prière et une profonde foi religieuse minimisent l'effet des soucis, de l'anxiété, du stress et des peurs. Comme le disait le Dr Brill : « Quelqu'un de profondément croyant ne sombre pas dans la névrose. »
Sans foi religieuse, la vie n'a pas de sens. Quelques années avant sa mort, j'ai interviewé Henry Ford. Je m'attendais à lire sur son visage les marques des efforts qu'il avait dû faire tout au long de sa vie pour construire et diriger une des industries les plus puissantes au monde. J'ai donc été surpris de constater à quel point il était paisible à soixante-dix-huit ans. Je lui ai demandé s'il se faisait parfois du souci, et il m'a répondu : « Non, je crois que Dieu dirige les affaires et qu'Il n'a pas besoin de mon avis. Avec Dieu comme responsable, je pense que, finalement, tout s'arrange pour le mieux. Alors, pourquoi m'en faire ? »
De nombreux psychiatres suggèrent eux-mêmes de mener une vie conforme à la religion, non pour éviter les feux de l'enfer, mais l'ulcère de l'estomac, l'angine de poitrine, la dépression nerveuse.

Oui, la religion apporte aussi motivation et santé. Jésus déclarait : « Je suis venu pour que vous ayez la vie et que vous l'ayez en abondance. » Il dénonçait les formules rigides et les rituels sclérosants de la religion de son temps. Il prêchait une nouvelle religion qui allait bouleverser le monde. C'était un rebelle. C'est pour cela qu'il fut crucifié. Il insistait : « Le sabbat doit exister pour l'homme et non l'homme pour le sabbat. » Emerson le qualifiait de « Professeur de la science de la joie ». Jésus déclarait qu'il n'y avait que deux commandements importants : « Aimer Dieu de tout son cœur. Et son prochain comme soi-même. » Tout homme agissant ainsi est religieux, qu'il en ait conscience ou non. Mon beau-père, Henri Price, de Tulsa dans l'Oklahoma, est un exemple vivant de cette règle d'or, incapable de mesquinerie, d'égoïsme ou de malhonnêteté.
Aux Etats-Unis, on compte en moyenne un suicide toutes les 35 minutes, un cas de folie toutes les 120 secondes. Beaucoup de ces tragédies pourraient être évitées grâce à la consolation et à la paix que procurent religion et prière.
Dans son livre *L'Homme moderne à la recherche d'une âme*, le Dr Carl Jung écrit : « Au cours des trente dernières années, des personnes de tous les pays civilisés m'ont consulté. J'ai soigné des centaines de patients. Il ne s'est pas trouvé un seul adulte de trente-cinq ans ou plus dont le problème, en dernière analyse, n'était pas de trouver une perspective spirituelle. Tous ceux qui ont été vraiment guéris sont ceux qui avaient effectivement trouvé cette perspective spirituelle. »
William James, doyen de la faculté de philosophie à Harvard, dit à peu près la même chose : « La foi est une des forces par lesquelles les hommes vivent et son absence totale conduit à l'effondrement », ajoutant qu'au fil des ans, il se sent de moins en moins capable de se passer de Dieu.
Le Mahātma Gāndhi écrivait : « Sans la prière, il y a longtemps que je serais devenu fou. » Des milliers de personnes pourraient donner un témoignage semblable.
Quand ils n'en peuvent plus, qu'ils ont l'impression de toucher le fond, certains se tournent vers Dieu en désespoir de cause. « Il n'y a pas d'athée dans les trous d'obus. » Faut-il attendre d'en arriver à ces moments de désespoir? Pourquoi ne pas renouveler nos forces tous les jours?
Lorsque je suis trop bousculé pour me réserver un temps de réflexion spirituelle, il m'arrive d'entrer dans la pre-

mière église venue. Bien que protestant, je me rends fréquemment à la cathédrale Saint-Patrick, sur la 5e Avenue. Je ferme les yeux et prie. Cela me détend, repose mon corps, clarifie ma vision des choses et m'aide à reconsidérer mes valeurs. Puis-je vous recommander cette démarche ?

Pendant les six années que j'ai consacrées à ce livre, j'ai accumulé des centaines d'exemples sur la façon dont les hommes et les femmes ont maîtrisé le stress et les soucis par la prière. Voici, telle qu'il me l'a racontée, l'histoire de John Antony.

« Il y a vingt-deux ans, j'ai fermé mon cabinet d'avocat pour devenir représentant d'une société éditant des textes juridiques. Ce travail consistait à commercialiser des ouvrages spécialisés auprès de juristes, ouvrages qui leur étaient quasiment indispensables. J'étais parfaitement apte à ce travail. Avant d'aller voir mon prospect, j'étudiais sa situation, sa clientèle et préparais des réponses à toutes les objections possibles. Et pourtant, je ne décrochais pas de contrat. Les jours et semaines passant, je redoublais d'efforts, mais je ne couvrais même pas mes frais. J'étais vraiment stressé, j'en arrivais à redouter le moment des visites en clientèle. Mon directeur des ventes menaçait de me couper les vivres. A la maison, ma femme avait besoin d'argent pour nourrir nos trois enfants. Les soucis m'accablaient. Je n'avais même plus de quoi payer ma note d'hôtel. Je ressentais un tel désarroi que je comprenais, ce soir-là, tous ceux qui ouvrent une fenêtre et sautent. Je l'aurais bien fait moi-même si j'en avais eu le courage.

« N'ayant personne à qui me confier, je me suis adressé à Dieu. J'ai prié désespérément. Quand j'ai ouvert les yeux, j'ai aperçu une Bible sur l'armoire de ma chambre d'hôtel. J'y ai lu cette recommandation de Jésus à ses disciples : " Ne vous inquiétez par pour votre vie, de ce que vous mangerez, ni pour votre corps, de quoi vous le vêtirez. La vie n'est-elle pas plus que la nourriture et le corps plus que le vêtement ? Voyez les oiseaux du ciel, ils ne sèment ni ne moissonnent. Ils n'amassent point dans les greniers et votre Père céleste les nourrit. Ne valez-vous pas beaucoup plus qu'eux ? Cherchez d'abord le Royaume de Dieu et sa justice, le reste vous sera donné par surcroît. Ne vous inquiétez donc pas du lendemain, le lendemain s'inquiétera de lui-même. A chaque jour suffit sa peine. "

« J'ai repris courage et me suis endormi profondément, ce que je n'avais pas fait depuis longtemps. Le lendemain matin, j'étais impatient d'attaquer la journée. J'ai conclu, ce jour-là, plus de ventes que dans les trois semaines précédentes. Je me sentais un autre homme, grâce à une attitude mentale nouvelle. C'est à partir de ce moment que mon chiffre d'affaires a commencé à grimper. Une chose extraordinaire s'était passée en moi : j'avais pris conscience de ma relation avec Dieu. »
« Demandez et vous recevrez, cherchez et vous trouverez, frappez et l'on vous ouvrira. »

Un autre événement m'a été cité par Mrs. Beaird, de Highland dans l'Illinois. Confrontée à une terrible tragédie, elle découvrit qu'elle pouvait retrouver la paix en s'agenouillant et en disant : « Seigneur, que Ta volonté soit faite et non la mienne. »
Voici son témoignage : « Un soir, le téléphone sonna. Je le laissai sonner quatorze fois avant de décrocher. Je savais que c'était un appel de l'hôpital et j'étais terrifiée. Mon petit garçon, Bobby, avait une méningite et les médecins craignaient une tumeur maligne au cerveau. Le coup de fil provenait bien de l'hôpital : le docteur voulait nous voir immédiatement.
« Dans la salle d'attente, je vous laisse imaginer l'angoisse que nous pouvions ressentir, mon mari et moi. Quand enfin le médecin nous reçut, c'était pour nous annoncer que notre bébé n'avait qu'une chance sur quatre de survivre et nous suggérer de faire venir un deuxième médecin, si nous en connaissions un.
« Sur le chemin du retour, mon mari s'effondra. Nous avons arrêté la voiture et, après avoir discuté, nous sommes entrés à l'église pour prier, en acceptant que Dieu prenne notre enfant, si telle était Sa volonté. En larmes, affalée sur le banc, je disais : " Que Ta volonté soit faite et non la mienne. " Après avoir prononcé ces mots, j'ai trouvé un peu de sérénité. Cette nuit-là, pour la première fois depuis une semaine, j'ai dormi paisiblement. Quelques jours plus tard, Bobby avait surmonté la crise. J'en remercie Dieu. »

Je connais des gens qui considèrent la religion comme une occupation pour les femmes, les enfants et les prédicateurs. Ils se vantent d'être des « durs », capables de se débrouiller tout seuls. Ils seraient bien surpris d'apprendre que certains « durs » prient tous les jours.

Jack Dempsey, champion du monde de boxe, m'a déclaré qu'il ne se couchait jamais sans dire ses prières. Il remerciait Dieu avant chaque repas, priait en s'entraînant et aussi juste avant le coup de gong. « Prier, me disait-il, m'aide à me battre avec courage et confiance. »

Eward Stettinius, ancien dirigeant de la General Motors et de la United States Steel, ancien secrétaire d'Etat, demandait matin et soir, par la prière, conseils et sagesse.

Pierpont Morgan, le plus grand financier de son temps, allait souvent seul à l'église de la Trinité, à Wall Street, le samedi après-midi, et s'agenouillait pour prier en silence.

Quand Eisenhower, qui avait la réputation d'être particulièrement « dur », s'envola pour l'Angleterre afin de prendre le commandement suprême des forces alliées, il n'emporta qu'un seul livre dans l'avion : la Bible.

Actuellement, il y a 72 millions de pratiquants aux Etats-Unis : un record. Les savants eux-mêmes se tournent vers la religion. Par exemple un médecin, prix Nobel de physique, a déclaré :

« La prière est la forme d'énergie la plus puissante que l'on puisse générer. Cette force est aussi réelle que l'attraction terrestre. En tant que médecin, j'ai vu des malades qui, après l'échec de tous les moyens médicaux, ont vaincu la maladie ou la dépression par l'effort serein de la prière. La prière, comme le radium, est une source autogénératrice d'énergie. Dans la prière, les êtres humains cherchent à augmenter leur force en puisant à la source infinie de toute énergie. Quand nous prions, nous nous mettons en harmonie avec la puissance inépuisable qui fait tourner l'univers. Nous demandons qu'une partie de cette force vienne répondre à nos besoins. Le seul fait de demander avec confiance comble nos déficiences humaines, nous renforce et nous restaure. Chaque fois que nous nous adressons à Dieu dans une prière fervente, nous améliorons à la fois notre âme et notre corps. Aucun homme, aucune femme ne peut prier, ne fût-ce qu'un instant, sans en ressentir de bienfait. »

Si nous sommes dans l'inquiétude ou dans la peine, pourquoi ne pas accepter de croire en Dieu? Pourquoi ne pas nous mettre en harmonie avec la puissance céleste? Même si, par nature ou par formation, vous n'êtes pas croyant, et quand bien même vous seriez totalement sceptique, la prière peut vous aider beaucoup plus que vous ne le pensez, car c'est une démarche psychologique fondamentale qui rend service à tous, croyants ou non :

1. La prière nous aide à formuler exactement ce qui nous tracasse. Chacun sait, en effet, qu'il est impossible de gérer efficacement un problème tant qu'il reste vague.

2. La prière nous donne le sentiment de partager notre fardeau, de ne pas être seul. Parfois nos soucis sont de nature si intime que nous ne pouvons pas en discuter avec nos parents ni nos amis les plus proches. La prière est alors une bonne solution.

3. La prière fait appliquer un principe d'action. Je doute que quiconque puisse prier avec persévérance sans franchir une étape vers l'obtention d'un résultat.

Si vous le voulez, maintenant, refermez ce livre, isolez-vous et ouvrez votre cœur! Si vous avez perdu la foi, demandez au Tout-Puissant de la renouveler et répétez cette belle prière écrite par saint François d'Assise, il y a sept cents ans :

Seigneur, fais de moi un instrument de paix.
Là où est la haine, que j'apporte l'amour.
Là où est l'offense, que j'accorde le pardon.
Là où est la discorde, que je crée l'union.
Là où est l'erreur, que je rétablisse la vérité.
Là où est le doute, que je sème la foi.
Là où est le désespoir, que je redonne l'espérance.
Là où est l'obscurité, que je répande la lumière.
Là où est la tristesse, que j'apporte la joie.
Fais, Seigneur, que je ne cherche pas tant
à être consolé qu'à consoler,
à être compris qu'à comprendre,
à être aimé qu'à aimer,
Parce que c'est en donnant que l'on reçoit,
En s'oubliant soi-même que l'on se trouve,
En pardonnant que l'on obtient le pardon,
En mourant que l'on ressuscite à l'éternelle Vie.

Principe n° 21
Priez.

SIXIÈME PARTIE

COMMENT GARDER VOTRE SÉRÉNITÉ MALGRÉ LES CRITIQUES

CHAPITRE 22

COMPRENEZ POURQUOI ON VOUS ATTAQUE.

En 1929, un événement sensationnel souleva l'émotion dans les milieux de l'enseignement. Des quatre coins des Etats-Unis, de doctes professeurs affluèrent à Chicago pour assister à ce phénomène : quelques années plus tôt, un jeune homme, Robert Hutchins, avait commencé à gravir les degrés conduisant au diplôme suprême de l'Université de Yale, tout en gagnant sa vie comme garçon de café, surveillant, bûcheron et vendeur dans un magasin de confection. A présent, seulement huit ans après, il allait être nommé recteur de la quatrième Université américaine, l'Université de Chicago. Son âge? Trente ans. Incroyable! Les pédagogues de la vieille école secouaient la tête. De tous les côtés, les critiques s'abattaient comme une avalanche sur l'enfant prodige. Il était trop ceci, pas assez cela, trop jeune, sans expérience, ses conceptions pédagogiques étaient arrogantes. Même la presse participait à l'assaut général. Comme on l'observe souvent : plus la position d'une personne est élevée, plus les gens trouvent plaisir à l'attaquer.

Le duc de Windsor eut l'occasion, alors qu'il portait encore le titre de prince de Galles, de faire la douloureuse expérience de cette vérité. Il était à cette époque élève du collège de Dartmouth, dans le Devonshire, équivalent de notre Ecole navale. Le prince avait alors quatorze ans. Un jour, un des officiers le découvrit en train de pleurer. Interrogé sur les raisons de son chagrin, il refusa tout d'abord de répondre, mais finalement, il avoua que les cadets s'amusaient à lui donner des coups de pied. Le

commandant du collège réunit alors les élèves, leur expliqua que le prince n'était nullement venu se plaindre auprès de lui, mais qu'il voulait savoir pourquoi ils l'avaient choisi pour ce traitement brutal. Après un long silence embarrassé, des toussotements et des raclements de gorge, les jeunes gens confessèrent qu'ils voulaient pouvoir se vanter, quand ils seraient devenus commandants ou capitaines dans la Marine royale, d'avoir botté le postérieur de Sa Majesté !
Donc, s'il vous arrive d'être critiqué et même de recevoir des coups de pied, dites-vous bien que, très souvent, votre antagoniste agit ainsi pour se donner un sentiment d'importance. Fréquemment, les attaques signifient que vous êtes en train d'accomplir quelque chose de remarquable, de méritoire. Beaucoup de gens tirent une sorte de satisfaction féroce des insultes ou des calomnies qu'ils lancent contre ceux dont ils ressentent la supériorité, qu'il s'agisse d'instruction, de considération ou de succès dans les affaires.

Je viens de recevoir une lettre dans laquelle une femme que je ne connais pas du tout accuse le général William Booth, le fondateur de l'Armée du Salut, d'avoir détourné huit millions de dollars, c'est-à-dire une bonne partie des fonds destinés aux pauvres. Quelques jours plus tôt, j'avais fait à la radio une conférence élogieuse sur le général Booth. Inutile de dire que l'accusation était absurde. Mais cette femme ne tenait pas du tout à établir la vérité. Elle cherchait simplement la satisfaction mesquine de salir un homme qui lui était supérieur. Je jetai au panier sa lettre qui ne m'apprenait rien sur le général Booth mais qui était révélatrice au sujet de son auteur.

Comme l'a dit Schopenhauer : « **Le commun des mortels prend plaisir à faire ressortir les défauts et travers des grands hommes.** »
On peut difficilement supposer que le président de l'Université de Yale fasse partie de cette catégorie commune. Pourtant, un tel personnage, feu Timothy Dwight, éprouva un immense plaisir à calomnier un candidat à la présidence des Etats-Unis. « Si jamais l'aveuglement des électeurs devait installer cet homme à la Maison Blanche, proclamait-il, nous risquons fort de voir nos femmes et nos filles devenir les victimes d'une prostitution légale, offi-

cielle, elles seront déshonorées moralement et physiquement... »
On dirait presque une mise en garde contre Hitler. En réalité, cette « prophétie » concernait Thomas Jefferson. Comment? Vous ne pensez tout de même pas à l'immortel Jefferson qui fut l'auteur de la Déclaration d'indépendance, le grand apôtre de la démocratie? Si, si, c'est bien de lui qu'il s'agit.
Et savez-vous que les journaux de son époque ont traité d'imposteur, d'hypocrite, de criminel, représenté sur une potence, un homme qui était aussi hué et injurié dans les rues à son passage... et qui n'était autre que le grand George Washington lui-même?...

Prenons l'histoire de l'amiral Peary, l'explorateur qui étonna et fit frissonner le monde en atteignant, le 6 avril 1909, le pôle Nord, avec ses attelages de chiens. Son exploit était fabuleux. Tant d'hommes courageux avaient tenté sans succès de le réaliser. Peary avait d'ailleurs failli connaître le sort de ses prédécesseurs. Il s'était gelé les pieds au point qu'on dut l'amputer de huit orteils. Toutes sortes de catastrophes s'étaient abattues sur sa route et il avait failli en perdre la raison. Mais ses supérieurs, bien au chaud dans les bureaux du ministère de la Marine à Washington, enrageaient de voir Peary devenir, du jour au lendemain, l'idole du grand public. Ils l'accusèrent donc d'avoir réuni des fonds pour une expédition scientifique et de « fainéanter ensuite dans les régions arctiques ». Ils en étaient même probablement persuadés. Leur détermination à humilier Peary et à lui créer de nouvelles difficultés se manifestait avec une telle violence que, sans l'intervention énergique du président McKinley, il aurait été forcé d'interrompre son exploration.
Croyez-vous que Peary aurait été calomnié s'il s'était contenté d'un obscur emploi de bureau dans les services administratifs de la Marine? Certainement pas. Il n'aurait pas eu assez d'importance pour susciter la jalousie.

Le général Grant connut une épreuve plus pénible encore. En 1862, Grant emporta la première grande victoire des Etats du Nord, une victoire arrachée en un seul après-midi et qui fit de Grant, du jour au lendemain, un héros national. Sa victoire fut annoncée par les cloches et les feux de joie, des collines du Maine jusqu'aux bords du Mississippi. Et pourtant, six semaines plus tard, Grant fut arrêté et privé de son commandement.

Pourquoi cela, alors qu'il était à l'apogée de sa gloire ? En grande partie parce qu'il avait excité la jalousie et l'envie de ses supérieurs, blessés dans leur orgueil.

Chaque fois que nous sommes sur le point de nous cabrer sous une critique injuste, rappelons-nous qu'elle représente un compliment déguisé.

Principe n° 22
Considérez qu'une critique injuste cache souvent un compliment.

CHAPITRE 23

QUE FAIRE QUAND ON VOUS CRITIQUE?

Un jour, j'eus l'occasion d'interviewer le général Smedley Butler, le personnage le plus pittoresque qui ait jamais commandé les « Marines » américains. Il me raconta que, dans sa jeunesse, il désirait ardemment être considéré et faire bonne impression sur tout le monde. A cette époque, la moindre critique le blessait, le hérissait. « Mais ajouta-t-il, trente années dans la Marine m'ont tanné le cuir. J'ai été insulté et calomnié de toutes les façons possibles. J'ai été maudit par les experts. On m'a lancé à la figure les termes les plus grossiers. Vous croyez peut-être que cela me met en colère? Pas du tout. Aujourd'hui, si j'entends quelqu'un casser du sucre sur mon dos, je ne me retourne même pas pour voir qui parle. » Peut-être Butler était-il trop indifférent envers ses détracteurs. Mais une chose est certaine : la plupart d'entre nous prenons beaucoup trop au sérieux les flèches et les piques qui nous sont envoyées.

Je me souviens de la colère qui m'a saisi, il y a bien des années, quand un journaliste du *New York Sun*, après une de mes conférences d'information sur l'art de communiquer, a écrit un article satirique sur mon travail. A l'époque, j'avais considéré ce persiflage comme une insulte personnelle. J'avais téléphoné pour exiger du rédacteur en chef la publication immédiate d'une rectification contenant les résultats remarquables que j'avais obtenus par les méthodes de mes stages.
Aujourd'hui, je ne suis pas spécialement fier de ma réaction. Je me rends compte à présent que la plupart des lec-

teurs du journal n'ont même pas dû voir cet article. La plupart de ceux qui l'ont lu l'ont probablement considéré comme un bavardage amusant et, au fond, innocent. Et la plupart de ceux qui l'ont cru l'avaient probablement oublié au bout d'une semaine.

Je sais maintenant que les gens ne se préoccupent ni de moi, ni de vous, qu'ils se moquent éperdument de ce que l'on a pu dire de vous ou de moi. Chacun pense le plus souvent à soi-même, du petit déjeuner jusqu'à minuit. N'importe qui est plus affecté par cinq minutes de « sa » migraine que par la nouvelle de votre mort ou de la mienne.

Même si l'on nous calomnie, nous trahit ou si l'on nous tire dans les pattes, même si c'est l'œuvre de notre meilleur ami, ne nous apitoyons pas sur notre sort. Rappelons-nous que c'est exactement ce qui est arrivé à Jésus. De ses douze meilleurs amis, un l'a trahi pour l'équivalent de quelques dizaines de dollars. Un autre l'abandonna ouvertement au moment où commençait son calvaire et jura à trois reprises qu'il ne le connaissait pas. Deux traîtres, sur douze amis! De quel droit pourrions-nous prétendre à plus de fidélité et de loyauté?

J'ai fait, il y a longtemps, une découverte importante. Si je suis incapable d'empêcher les gens de me critiquer injustement, en revanche je peux faire quelque chose de réellement utile : décider moi-même si, oui ou non, je vais me laisser affecter par ces critiques injustifiées.
Soyons clairs : je ne recommande nullement d'être indifférent à *toute critique*. Loin de là. Je conseille seulement l'indifférence envers les *critiques injustifiées*. J'ai eu l'occasion de demander à Mrs. Roosevelt quelle attitude elle adoptait face aux critiques injustifiées et Dieu sait si elle en a reçues. Elle me raconta alors : « Dans ma jeunesse, j'étais toujours inquiète de ce que les gens pouvaient dire ou penser de moi. Je redoutais les critiques de mon entourage à tel point qu'un jour, j'ai demandé conseil à l'une de mes tantes, la sœur de Théodore Roosevelt.
" Ma tante, lui dis-je, je voudrais agir mais j'ai peur d'être critiquée. " Elle me regarda bien dans les yeux et répondit : " Tant que tu es persuadée dans ton cœur d'avoir rai-

son, ne t'occupe pas de ce que les gens peuvent dire. " Ce conseil devait devenir en quelque sorte mon rocher de Gibraltar à l'époque où j'habitais la Maison Blanche. Ma tante ajouta : " Il est impossible d'éviter les critiques, à moins d'être une statuette en porcelaine. Agis selon ta conscience, de toute façon tu seras critiquée. " »

Un jour, je demandai à Matthew Brush, président de la Compagnie internationale de Wall Street, s'il était très sensible aux critiques. « Oui, répondit-il, à mes débuts, je réagissais vivement à la moindre critique. Je tenais beaucoup à être considéré comme un homme parfait, par tous mes employés. Le moindre reproche me préoccupait. Dès que quelqu'un élevait la moindre protestation, j'essayais de lui donner satisfaction; mais mes efforts pour y parvenir suscitaient inévitablement la colère d'un autre collaborateur. Puis, en cherchant à calmer celui-ci, je m'attirais les foudres de deux ou trois autres. Je finis par découvrir ceci : plus je m'ingéniais à apaiser les ressentiments de l'un ou de l'autre, plus je pouvais être certain d'accroître le nombre de mes adversaires. Alors, un jour, je me suis dit : " Si tu sors du lot, tu dois t'attendre à être critiqué, quoi que tu fasses. Par conséquent, tu n'as qu'à t'y habituer. " Et cette résignation m'a été très utile. A partir de ce moment-là, je me suis fixé une ligne de conduite : je fais ce que je crois devoir faire; ensuite, j'ouvre mon parapluie, et je laisse dégouliner les critiques sur le sol plutôt que dans mon cou. »

Charles Schwab a déclaré, dans une conférence aux étudiants de l'Université de Princeton, qu'une leçon extrêmement utile lui avait été donnée par un vieil ouvrier allemand, employé dans son aciérie. Celui-ci avait eu une discussion politique avec ses camarades, les esprits s'étaient échauffés et finalement, les autres avaient jeté l'Allemand dans la rivière. « Quand il revint près de mon bureau, raconta Schwab, trempé et couvert de vase, je lui demandai ce qu'il avait fait vis-à-vis des hommes qui l'avaient jeté dans la rivière. Il me répondit : " Moi, seulement rire! " Schwab conclut en disant qu'il avait fait de cette réponse sa devise : **« Seulement rire! »**

Principe très utile surtout lorsque vous êtes en butte à des critiques injustifiées. Vous pouvez évidemment répondre à votre adversaire qui répondra à son tour, mais que peut-on dire à quelqu'un qui se contente de rire?

Lincoln se serait certainement effondré sous le fardeau écrasant de ses responsabilités pendant la guerre de Sécession, s'il n'avait pas compris qu'il est vain de vouloir répondre aux critiques de ses adversaires. Sa devise était connue, le général MacArthur en avait une copie sur son bureau du quartier général et Winston Churchill l'avait fait encadrer pour orner sa bibliothèque. En voici le texte :
« Si je devais prendre le temps de lire tout ce que l'on écrit contre moi ou d'y répondre, il me faudrait renoncer à tout mandat. Je fais de mon mieux et j'entends continuer ainsi. Si les événements prouvent que j'avais raison, toutes les attaques lancées contre moi paraîtront ridicules. Si les événements prouvent que j'avais tort, dix anges affirmant que j'avais raison n'y changeront rien. »

Faites de votre mieux. Ensuite, ouvrez votre parapluie et promenez-vous tranquillement sous l'averse des critiques, qui ne pourront plus vous dégouliner dans le cou.

Principe n° 23
Faites vraiment de votre mieux.

CHAPITRE 24

MES PROPRES ERREURS

Je conserve un classeur spécial marqué « MB » – pour « mes bévues ». Il contient les rapports circonstanciés des erreurs que j'ai commises. Parfois, je dicte ces rapports à ma secrétaire, mais, de temps en temps, je préfère les écrire moi-même, lorsqu'ils sont trop personnels ou stupides. Je me rappelle encore aujourd'hui certaines critiques que j'ai classées il y a environ quinze ans. Si j'avais été vraiment sincère, le classeur serait plus épais. Relire ce dossier m'aide à gérer la question qui sera toujours à mes yeux la plus ardue : me gouverner moi-même.

Auparavant, je rendais les autres responsables de mes ennuis. En veillissant, j'espère être devenu plus perspicace, j'ai conscience d'être souvent le seul responsable de mes malheurs. Beaucoup ont fait la même découverte. « Ma chute, a dit Napoléon à Sainte-Hélène, n'est imputable qu'à moi-même. J'ai été mon plus grand ennemi, la cause de mon destin. »

Je vais vous parler d'un homme qui était un « as » de l'autocritique et de l'autoéducation. Il s'agit de H.P. Howel. Quand, le 31 juillet 1944, la nouvelle de sa mort soudaine fut publiée par toute la presse américaine, ce fut un choc dans les milieux de Wall Street, car Howell était un des premiers financiers des Etats-Unis, président de la Commercial National Bank & Trust Company, et membre du conseil d'administration de plusieurs grosses entreprises. Cet homme n'avait reçu qu'une instruction rudimentaire et avait débuté comme commis dans un vil-

lage, pour devenir un des hommes les plus puissants du pays.
Un jour, il m'expliqua la raison essentielle de son succès. « Depuis des années, je tiens un agenda indiquant, jour par jour, mes rendez-vous, entretiens et réunions. Ma famille me laisse disposer de ma soirée du samedi, car je la consacre à l'établissement d'un bilan critique de mon travail durant la semaine écoulée. Après le dîner, je m'enferme dans le bureau, j'ouvre mon agenda et passe en revue tout ce que j'ai pu dire ou décider depuis lundi matin. Puis, je m'interroge : quelles erreurs ai-je commises en telle ou telle occasion ? Quand ai-je agi intelligemment et comment aurais-je pu faire encore mieux ? Quelle leçon puis-je tirer de cette expérience ? Parfois, je constate que cette revue hebdomadaire ne me donne aucune satisfaction et il m'arrive d'être surpris par mes propres gaffes. Evidemment, avec les années, ces erreurs sont devenues moins fréquentes. Je puis dire que cette autoanalyse hebdomadaire m'a été bien plus utile que toute autre méthode de travail. »

Peut-être Howell a-t-il emprunté cette idée à Benjamin Franklin. Celui-ci procédait, en effet, de la même façon, avec cette différence qu'il n'attendait pas la fin de la semaine pour réaliser son bilan : chaque soir, il dressait un tableau sans indulgence de son activité. Franklin avait découvert qu'il avait treize graves défauts, parmi lesquels : une tendance à gaspiller son temps, la manie de ruminer des bagatelles, le besoin de rechercher systématiquement la contradiction. C'était un sage et il se rendait compte qu'à moins de se débarrasser de ces défauts, il n'irait pas très loin. Il se concentrait donc pendant une semaine sur un de ces travers, livrant contre lui-même une bataille quodidienne et notant chaque soir les points qu'il avait marqués ou perdus. La semaine suivante, il choisissait une autre de ses mauvaises habitudes, remettait les gants et, au coup de gong, c'est-à-dire le lundi matin, se ruait sur son nouvel adversaire. Benjamin Franklin s'est battu ainsi contre ses défauts, chaque semaine, pendant plus de deux ans.

Rien d'étonnant à ce qu'il soit devenu l'un des Américains les plus influents de tous les temps ! Le philosophe Elbert Hubbard a dit : « Tout individu est un parfait imbécile

pendant au moins cinq minutes par jour. La sagesse consiste à ne pas dépasser cette limite. »
L'idiot se met en colère au moindre reproche, l'intelligent s'instruit des critiques qu'on lui fait. Comme l'a dit Walt Whitman : « Avez-vous fait des progrès seulement grâce à ceux qui vous ont admiré, entouré de sollicitude, qui se sont effacés devant vous? Ne croyez-vous pas que ceux qui se sont dressés contre vous, qui ont cherché à vous barrer le chemin, vous ont aussi donné de précieuses leçons? »

Au lieu d'attendre que notre adversaire nous critique, prenons les devants, soyons pour nous-mêmes le critique le plus sévère. Découvrons nos faiblesses, pour nous en corriger avant que quiconque n'ait l'occasion de les mentionner. C'est ce que fit Charles Darwin. Il passa, en effet, quinze ans à critiquer son œuvre. Après avoir achevé le manuscrit de son ouvrage *De l'origine des espèces*, il se rendit compte que cette publication qui révolutionnait les thèses alors répandues allait ébranler les autorités intellectuelles, scientifiques et religieuses. *Il fit alors sa propre critique et passa encore quinze ans à vérifier les données dont il faisait état, à discuter ses raisonnements et à prendre le contre-pied de ses conclusions.*

Supposons que quelqu'un vous traite d'imbécile, que faites-vous? Vous mettez-vous en colère? Etes-vous indigné? Voici ce que fit Lincoln : un jour, Edward Stanton, secrétaire d'Etat à la Guerre, qualifia Lincoln d'imbécile. Stanton était furieux parce que Lincoln s'était immiscé dans ses affaires. Afin d'être agréable à un sénateur, Lincoln avait ordonné le déplacement de certains régiments, empiétant ainsi sur les prérogatives de son secrétaire d'Etat. Et Stanton, non seulement refusa d'exécuter l'ordre, mais proclama hautement que Lincoln devait être idiot pour avoir signé un ordre pareil. Or, Lincoln, apprenant cela, déclara calmement : « Si Stanton pense que j'ai été idiot, il doit avoir raison, car il se trompe rarement. Je vais faire un saut jusqu'à son bureau pour vérifier tout cela. » Il alla voir Stanton, qui le persuada de son erreur. Lincoln annula son ordre. Il sut toujours accueillir les critiques avec bienveillance lorsqu'elles étaient sincères, fondées sur des faits, et inspirées par le désir d'aider.

Nous devrions faire bon accueil à ce genre de critiques, étant donné que nous ne pouvons espérer avoir raison plus de trois fois sur quatre. C'est ce que disait Théodore Roosevelt quand il était à la Maison Blanche. Einstein admettait quant à lui que ses conclusions étaient fausses quatre-vingt-dix-neuf fois sur cent!

« Nos ennemis, a dit La Rochefoucauld, **s'approchent plus de la vérité dans les jugements qu'ils ont de nous, que nous n'en approchons nous-mêmes. »**
Je sais que, souvent, cette maxime est vraie : mais quand quelqu'un commence à me critiquer, si je n'y prends pas garde, j'adopte automatiquement une attitude méfiante, je prépare ma riposte avant même d'avoir la moindre idée de ce que l'on va me reprocher. Et chaque fois, je m'en veux. Nous avons tous tendance à craindre les critiques et à apprécier les louanges justifiées ou non. L'être humain n'est pas logique, mais dominé par ses émotions. **Notre propre logique est comme un canoë ballotté sur la houle de nos émotions.**

Dans les chapitres précédents, j'ai exposé ce qu'il convient de faire lorsqu'on est critiqué injustement. Voici maintenant une autre idée : quand la colère monte parce que vous vous sentez attaqué injustement, essayez donc de vous dire : « Pas si vite... après tout, je suis loin d'être parfait. Si Einstein admet qu'il se trompe quatre-vingt-dix-neuf fois sur cent, il se peut que je me trompe, mettons, quatre-vingts fois sur cent. Peut-être ai-je mérité ces critiques. Dans ce cas, je devrais me montrer reconnaissant envers l'auteur de la critique et m'efforcer d'en tirer parti. »

La société Ford tient tellement à découvrir les freins au dynamisme de son organisation et à la qualité de sa gestion qu'elle a récemment invité ses salariés à critiquer la direction!

Je connais un ancien commercial de la société Colgate qui avait pris l'habitude de *solliciter* la critique. Au début, les commandes étaient maigres, trop maigres et, bientôt, il craignit de perdre son emploi. Sachant que ses produits étaient excellents et les prix raisonnables, il se dit que le problème venait probablement de lui-même. Souvent,

après avoir raté une commande, il faisait le tour de l'immeuble en se creusant la cervelle pour trouver l'explication de son échec. Avait-il manqué de précision? Avait-il paru insuffisamment convaincu de la qualité du produit qu'il représentait? Parfois, il retournait chez le distributeur qu'il venait de quitter et lui disait : « Ne croyez pas que je sois revenu pour essayer, malgré votre refus, de vous vendre mon savon. Je reviens uniquement pour vous demander vos conseils et vos critiques. Accepteriez-vous de me dire ce qui vous a déplu quand je vous ai présenté mes produits, il y a quelques minutes? Vous avez beaucoup plus d'expérience que moi, vos affaires marchent, tandis que les miennes piétinent. Alors, rendez-moi le service de me critiquer, en toute franchise, ne craignez surtout pas de me blesser. »
Cette attitude lui permit de glaner, outre de précieux conseils, de solides amitiés. Quelle fut, à votre avis, la carrière de cet homme? Eh bien, E.H. Little devint président du groupe Colgate-Palmolive.

Il faut évidemment une certaine grandeur d'âme pour suivre l'exemple de Howell, Benjamin Franklin ou Little. Voyons donc si, après tout, nous ne faisons pas partie de ces individus capables de se corriger eux-mêmes.

Principe n° 24
Analysez vos erreurs et faites votre autocritique.

SEPTIÈME PARTIE

SIX MOYENS D'ÉVITER LA FATIGUE ET LE STRESS, DE GARDER ÉNERGIE ET EFFICACITÉ

CHAPITRE 25

COMMENT GAGNER UNE HEURE PAR JOUR

Pourquoi, dans un livre consacré à la lutte contre le stress et les soucis, insérer un chapitre sur la lutte contre la fatigue? La réponse est simple : fréquemment, la fatigue donne naissance au stress et altère nos défenses contre toutes sortes de difficultés. N'importe quel étudiant en médecine vous dira que la fatigue diminue la résistance à quantité de maladies; les psychiatres vous confirmeront que la fatigue diminue également notre résistance aux inquiétudes. Donc, en prévenant la fatigue, on prévient aussi le stress. Nervosité et inquiétude se dissipent avec la relaxation totale. Autrement dit : *nous ne pouvons être stressés si nous sommes détendus.*

Pour prévenir la fatigue et le stress : reposons-nous souvent. Reposons-nous **avant** d'être fatigués.
Pourquoi est-ce si important? Parce que la fatigue s'accumule avec une rapidité surprenante. L'armée américaine a découvert, à l'aide de contrôles rigoureux, que même des hommes jeunes, endurcis par un solide entraînement militaire, marchent mieux et « tiennent le coup » plus longtemps, lorsqu'ils peuvent poser leurs sacs et se reposer dix minutes par heure. L'armée américaine a adopté ce principe. Or, notre cœur est aussi intelligent que l'état-major des forces armées de l'oncle Sam. Notre cœur pompe chaque jour assez de sang pour remplir un wagon-citerne. Et il fournit ce travail incroyable pendant cinquante, soixante-dix, peut-être quatre-vingt-dix ans. Comment réalise-t-il cet exploit? Le Dr Walter Cannon, de l'école de médecine de Harvard, l'explique de la façon

suivante : « Nous pensons que notre cœur travaille constamment, mais, en réalité, il se repose après chaque contraction. Lorsque le cœur bat à un rythme modéré de soixante-dix pulsations par minute, il travaille en réalité seulement neuf heures sur vingt-quatre. Ses périodes de repos totalisent quinze heures par jour. »

Durant la Seconde Guerre mondiale, Winston Churchill, à soixante-six ans, fut capable de travailler seize heures par jour pendant cinq ans, pour diriger l'effort de guerre. Un record phénoménal. Son secret? Chaque matin, il travaillait au lit jusqu'à onze heures, lisant les rapports, dictant ses ordres, téléphonant, tenant des réunions. Après le déjeuner, il s'allongeait pour dormir une heure. Le soir, il se couchait à nouveau et dormait deux heures avant de dîner. Il n'accumulait pas la fatigue parce qu'il la prévenait! A l'aide de ces périodes de repos, courtes mais régulières, il pouvait travailler jusqu'au milieu de la nuit.
John D. Rockefeller, cet homme si original, avait établi deux records. Il bâtit la fortune la plus importante de son époque, et vécut jusqu'à quatre-vingt-dix-huit ans. Comment? Il avait, bien entendu, hérité d'une prédisposition à la longévité, mais il avait pris aussi l'habitude de se reposer en début d'après-midi une demi-heure, dans son bureau. Il s'allongeait sur son divan et même le président des Etats-Unis n'aurait pu l'obtenir au téléphone.

Dans son excellent livre *Pourquoi être fatigué,* Daniel Josselyn remarque : « Se reposer, cela ne veut pas dire qu'on ne doive rien faire. *Se reposer, c'est restaurer ses forces.* »
Le pouvoir réparateur d'une brève période de repos est tel que même cinq minutes de sommeil suffisent à éviter la fatigue. J'ai demandé à Eleanor Roosevelt comment elle avait pu résister au programme surchargé qui avait été le sien, jour après jour, pendant ses douze années à la Maison Blanche. Elle m'apprit qu'avant de rencontrer un groupe ou de prononcer un discours, elle s'asseyait dans un fauteuil, fermait les yeux et se détendait complètement pendant une vingtaine de minutes.
Edison attribuait son énergie et son endurance à l'habitude qu'il avait prise de dormir chaque fois qu'il en avait envie.
J'ai aussi interviewé Henry Ford, peu de temps avant son quatre-vingtième anniversaire. Comme je manifestais ma

surprise de le voir si frais et alerte, il répondit : « Si je ne porte pas mon âge, c'est parce que je ne reste jamais debout quand je peux m'asseoir; et que je ne reste jamais assis quand je peux m'allonger. »

J'ai eu l'occasion de conseiller cette méthode à un producteur de films de Hollywood, Jack Chertock. Lorsque nous nous sommes rencontrés, il y a de cela quelques années, il dirigeait le service des documentaires de la Metro-Goldwyn-Mayer. Usé, épuisé, il avait tout essayé : les toniques, les vitamines, les médicaments, sans obtenir d'amélioration. Je lui suggérai de prendre chaque jour un peu de vacances. Comment? Tout simplement en s'allongeant sur le divan de son bureau et en se décontractant lors des réunions avec ses scénaristes.
Lorsque je le revis, deux ans plus tard, il me dit : « Un miracle s'est produit. C'est le terme qu'emploie mon médecin. J'avais l'habitude de rester assis très droit dans mon fauteuil, constamment tendu, pendant que nous discutions les sujets de nos documentaires. Maintenant, je dirige les échanges allongé sur mon divan. Cela fait vingt ans que je ne me suis senti aussi vigoureux. Je travaille à présent deux heures de plus par jour et pourtant je ne suis, pour ainsi dire, jamais fatigué. »

Oui, mais, comment ces exemples peuvent-ils s'appliquer à mon cas? me direz-vous. Evidemment, si vous êtes secrétaire, vous ne pouvez guère dormir à votre bureau, comme le faisaient Edison ou Sam Goldwyn; si vous êtes comptable, vous ne pouvez pas vous étendre sur un divan pendant que vous exposez une question financière à votre patron. Mais si vous habitez une petite ville, et si vous rentrez chez vous pour le déjeuner, vous pouvez peut-être dormir ou vous allonger dix minutes après le repas. C'est ce que faisait le général Marshall. Quand, pendant la dernière guerre, il se trouvait à la tête de l'armée américaine, il sentait que ces quelques minutes de repos après le déjeuner étaient essentielles pour son travail. Maintenant, si vous avez plus de cinquante ans et l'impression d'être trop pressé pour vous reposer ainsi, prenez immédiatement une assurance-vie, au taux maximum.
S'il vous est impossible de prendre quelques minutes de repos après le déjeuner, vous pouvez sûrement vous allonger une demi-heure avant le dîner. C'est moins cher

qu'un apéritif et nettement plus efficace. Ces trente minutes, plus six ou sept heures de sommeil pendant la nuit, vous feront plus de bien qu'un long sommeil ininterrompu.

L'ouvrier fournissant un effort physique accomplira une tâche plus importante s'il se repose régulièrement. Frederick Taylor l'a prouvé à l'époque où il étudiait l'organisation du travail dans les usines de la Bethlehem Steel Company. Il constata que les ouvriers chargeaient une moyenne de 12,5 tonnes de gueuses de fonte par jour et par homme sur des wagons de chemin de fer, et qu'à midi, ils étaient épuisés. Après avoir examiné tous les facteurs de fatigue qui intervenaient dans ce travail, il calcula que ces hommes devraient charger non pas 12,5 tonnes par jour, mais, tenez-vous bien, *47 tonnes par jour*! D'après ses calculs, ils devaient pouvoir travailler presque quatre fois plus sans être fatigués! Il fallait le prouver! Taylor choisit un certain Schmidt et lui demanda de travailler d'après les indications d'un chronométreur. Celui-ci ne le quittait pas d'une semelle et, les yeux fixés sur son chronomètre, rythmait son activité : « Prenez une gueuse, marchez... Maintenant, veuillez vous asseoir et vous reposer... reprenez... reposez-vous. »
Qu'arriva-t-il? Schmidt transporta chaque jour 47 tonnes de fonte, alors que ses camarades n'en transportaient que 12,5 tonnes. Et pendant les trois ans que Taylor passa à Bethlehem, Schmidt et son équipe adoptèrent ce rythme. Ils le pouvaient, parce qu'ils se reposaient avant d'être fatigués. Ils travaillaient en réalité 26 minutes par heure, et se reposaient 34 minutes. Ils se reposaient donc plus qu'ils ne travaillaient!

Suivons l'exemple des soldats de l'armée américaine, reposons-nous souvent. Suivons aussi l'exemple que nous donne notre cœur, et nous gagnerons chaque jour une heure d'éveil.

Principe n° 25
Reposez-vous avant d'être fatigué.

CHAPITRE 26

COMMENT REMÉDIER À VOTRE FATIGUE

D'où provient notre fatigue?... Les psychiatres déclarent que notre fatigue est causée essentiellement par notre attitude mentale et émotive. Un des plus éminents psychiatres anglais affirme : « La majeure partie de la fatigue dont nous souffrons est d'origine mentale, un épuisement d'origine purement physique est en fait très rare. » Un psychiatre américain, le Dr A. Brill, va même plus loin. D'après lui, « la fatigue du travailleur sédentaire est due, à cent pour cent, à des facteurs psychologiques, c'est-à-dire à des facteurs émotifs ».

Quels sont donc les facteurs « émotifs » qui fatiguent le « travailleur assis »? La joie? La satisfaction? Certainement pas. Ces émotions-là ne le fatigueront jamais. L'ennui, les ressentiments, l'impression de ne pas être apprécié à sa juste valeur, la précipitation, le stress, voilà les facteurs émotifs qui épuisent, réduisent la capacité de travail et donnent des migraines. Oui, nous nous fatiguons parce que nos émotions provoquent dans notre corps des tensions nerveuses.

La Metropolitan Life Insurance Company a publié une brochure sur la fatigue indiquant : « Le travail seul, si pénible soit-il, provoque rarement une fatigue telle qu'un bon sommeil ne puisse la guérir. Parmi les causes principales de fatigue, on trouve l'angoisse, la tension nerveuse, les déceptions sentimentales. Ce sont souvent ces facteurs-là qui sont responsables de notre fatigue, alors qu'elle semble provenir d'un effort physique ou intellectuel... N'oublions pas qu'un muscle tendu travaille! Détendons-nous! Gardons notre énergie pour ce qui est vraiment important. »

Faisons une expérience. Analysez votre attitude. En lisant ces lignes, n'avez-vous pas le front plissé? Ne sentez-vous pas une tension entre les yeux? Etes-vous confortablement installé dans votre fauteuil? Ou avez-vous les épaules remontées? En ce moment même, à moins que votre corps tout entier ne soit détendu et mou comme une vieille poupée de chiffon, *vous produisez une tension et une fatigue nerveuses!*

Pourquoi produisons-nous ces tensions superflues pendant que nous fournissons un travail mental? Peut-être à cause de l'opinion largement répandue qu'un travail difficile requiert une sensation d'effort pour être pris au sérieux. Par conséquent, nous nous crispons dès que nous nous concentrons. Nous remontons les épaules. Nous demandons à nos muscles un effort physique, qui n'est d'aucune utilité à notre cerveau.

Que faut-il donc faire pour éviter cette fatigue nerveuse? Se détendre, se décontracter, se laisser aller! *Apprenons à nous détendre tout en travaillant.*
Facile? Non. Cela nécessite un changement radical des habitudes acquises dès l'enfance. Mais cela en vaut la peine car ce changement peut révolutionner notre existence. Dans son essai *La Bible de la Détente,* William James affirme : « La tension, la fébrilité, la précipitation... sont de mauvaises habitudes, ni plus ni moins. » **Le stress est une habitude. La détente est une habitude. Or, on peut se défaire de mauvaises habitudes, comme on peut en acquérir de bonnes.**

Que faut-il faire pour se détendre? Doit-on commencer par le cerveau, par les nerfs? Ni l'un ni l'autre. *Il faut toujours commencer par se détendre les muscles.*
Faisons un essai. Supposons que nous voulions commencer avec les yeux. Lisez ce chapitre jusqu'à la fin, puis, calez-vous confortablement dans votre siège, laissez vos paupières se fermer, et *pensez calmement* : « Je laisse aller mes yeux... Je les laisse aller... » Répétez ces mots lentement, doucement, pendant une minute...
Avez-vous remarqué qu'au bout de quelques secondes, les muscles de vos yeux ont *commencé à se relâcher*? N'avez-

vous pas l'impression qu'une main a soulagé la tension? Eh bien, aussi incroyable que cela puisse paraître, vous avez, en l'espace d'une minute, mis en œuvre une technique de détente profonde. Vous pouvez employer la même méthode pour la mâchoire, les muscles faciaux, la nuque, les épaules, votre corps tout entier.

Le Dr Jacobson, de l'Université de Chicago, affirme qu'une personne capable de décontracter complètement les muscles de ses yeux parvient rapidement à une détente totale. Les yeux sont étroitement liés à la tension nerveuse. C'est d'ailleurs pourquoi tant de gens ayant une vue parfaite souffrent de « fatigue oculaire ». Ils imposent une trop forte tension à leurs yeux.

Vicki Baum, la romancière, raconte que dans son enfance, elle fit un jour la connaissance d'un vieil homme qui lui donna un conseil précieux. Elle venait de tomber et, dans sa chute, elle s'était écorché les genoux et foulé un poignet. Cet ancien acrobate de cirque la releva; et, tout en la consolant, il lui dit : « Ma petite fille, tu t'es fait mal parce que tu ne sais pas tomber. Il faut laisser aller ton corps souplement, comme une vieille chaussette. Viens, je vais te montrer comment il faut faire. » Le vieux saltimbanque enseigna à la petite Vicki et à ses camarades l'art de tomber en roulant, de faire des cabrioles et des culbutes. Et, continuellement, il insistait : « Détendez-vous, mettez-vous bien dans la tête que votre corps est souple comme une vieille chaussette. »

Vous pouvez vous détendre chaque fois que vous avez un moment disponible, et cela quel que soit l'endroit où vous vous trouvez. *La détente est l'absence de toute tension, de tout effort.* Commencez par détendre vos muscles oculaires et votre visage, en vous répétant : « Je me laisse aller, je me décontracte. » Bientôt, vous sentirez une énergie refluer de votre visage vers le milieu du corps. Imaginez-vous être aussi détendu qu'un bébé.
La cantatrice Galli-Curci agissait ainsi. Le secrétaire de l'opéra de New York m'a raconté qu'il a souvent vu Galli-Curci, avant son entrée en scène, affalée dans un fauteuil, les muscles relâchés et la mâchoire tombante. Une habitude excellente qui lui évitait trac et fatigue.

Voici quatre conseils qui vous aideront à vous détendre :

1) Décontractez-vous chaque fois que vous en avez l'occasion, ne serait-ce que quelques instants. Laissez votre corps se ramollir comme celui d'un chat. Vous est-il déjà arrivé de prendre un chaton dormant au soleil? Les deux extrémités pendent comme dépourvues de toute ossature. Les yogis disent que, pour apprendre la détente, il faut observer cet animal. Je n'ai jamais vu un chat fatigué, ou déprimé. Vous aussi pouvez éviter ces maux, en apprenant à vous décontracter comme le chat.

2) Travaillez autant que possible dans une position confortable. Rappelez-vous que la tension musculaire produit, à la longue, des douleurs dans les épaules et la nuque.

3) Contrôlez-vous quatre ou cinq fois par jour, en vous demandant : « Ne suis-je pas en train de me crisper inutilement, de faire appel à des muscles qui, au fond, n'interviennent pas dans mon travail? » Ce contrôle ponctuel vous permettra d'acquérir *l'habitude de la détente.*

4) En fin de journée faites à nouveau le bilan : « Jusqu'à quel point est-ce que je ressens de la fatigue? Est-ce à cause du travail intellectuel que j'ai fourni, ou à cause de la façon dont je l'ai fait? »

Daniel Josselyn écrit : « Je mesure mes résultats en fonction de mes indices de fatigue. Si, à la fin d'une journée, je me sens particulièrement las, si mon irritabilité trahit une fatigue nerveuse, je sais pertinemment que mon rendement a été médiocre, tant sur le plan qualitatif que quantitatif. » Si tous les responsables voulaient se pénétrer de cette vérité, la mortalité pour cause d'hypertension baisserait du jour au lendemain. Et nos hôpitaux ne seraient plus occupés par des hommes victimes de la fatigue et du stress.

Principe n° 26
Apprenez à vous détendre au travail.

CHAPITRE 27

COMMENT GARDER VOTRE ÉNERGIE ET RESTER JEUNE

Le Dr Rose Hilferding, conseillère médicale d'un cours de psychologie appliquée, estime qu'une des meilleures méthodes pour apaiser les soucis et les appréhensions consiste à dialoguer franchement avec une personne de confiance. « Nous donnons à ceux qui viennent ici l'occasion de parler longuement de leurs ennuis, jusqu'à ce qu'ils se sentent soulagés. Le fait de ruminer ses ennuis dans la solitude, de les garder pour soi, peut provoquer de graves tensions nerveuses. Nous avons besoin de sentir qu'il existe dans le monde au moins une personne prête à nous écouter et capable de nous comprendre. Mon assistant a pu se rendre compte de l'immense soulagement que cette écoute procurait à une femme. Elle avait toutes sortes d'ennuis domestiques, et parlait tout d'abord avec fébrilité. Puis, peu à peu, elle commençait à se calmer, et à la fin, elle souriait. Est-ce que le simple fait d'avoir parlé avait résolu son problème? Non, mais son état d'esprit avait changé parce qu'elle avait pu parler à quelqu'un, qu'elle avait trouvé un peu de vraie sympathie. Le changement était dû à l'énorme pouvoir de guérison du *dialogue*! »

Dans une certaine mesure, la psychanalyse est fondée sur ce principe. Les psychanalystes savent qu'un malade peut être soulagé de ses angoisses si on lui permet de parler, tout simplement de parler. Pourquoi? Peut-être parce qu'en parlant, il voit plus clair, il gagne en perspective. Nous savons tous que parfois le fait d'avoir pu « vider notre cœur » apporte un soulagement presque immédiat.

Choisissez, quand cela est justifié, une personne qui vous inspire confiance, un parent, un médecin, un ami, un prêtre. Puis, dites-lui : « Je vous demande un conseil. Je me trouve dans une situation délicate et si vous le permettez, je vous l'exposerai en détail. Peut-être y découvrirez-vous des aspects nouveaux qui m'ont échappé et pourrez-vous me donner un avis. »

Voici quelques autres idées, qui peuvent être appliquées aisément :

1. **Tenez un recueil d'idées stimulantes**. Rassemblez les poèmes et les citations qui vous plaisent, vous encouragent, vous exaltent. Relisez-les dans les moments difficiles, cela vous remontera le moral.

2. **Ne pensez pas trop aux défauts des autres**. Votre conjoint, par exemple, n'est sûrement pas parfait, mais la question : « Que feriez-vous si vous le perdiez aujourd'hui ? » peut vous inciter à considérer de nombreuses qualités passées inaperçues au fil du temps.

3. **Intéressez-vous réellement aux autres**. Manifestez sympathie et amitié aux personnes de votre entourage. Une femme, plutôt distante et hautaine, imagina un roman à partir des personnes qu'elle rencontrait. Un voyage en train lui fit tisser une trame concernant ses voisins dans le compartiment. Bientôt, elle conversa avec chacun et trouva merveilleuse cette façon de sortir de sa réserve.

4. **Etablissez, avant de vous coucher, le programme du lendemain**. Beaucoup de personnes sont harassées et surmenées par la ronde incessante des tâches à accomplir. Elles n'arrivent jamais à tout terminer. Elles se sentent poursuivies par le temps. Afin d'alléger cette sensation, pourquoi ne pas préparer chaque soir un plan pour la journée suivante? Le résultat? Davantage de travail accompli, moins de fatigue, un sentiment de satisfaction; et du temps disponible pour le repos et les loisirs.

5. **Evitez tension et fatigue. Détendez-vous... décontractez-vous!** Rien ne fait vieillir autant que la tension et la fatigue. Rien n'agresse autant notre fraîcheur et notre teint.

Aussi étrange que cela paraisse, le sol assure une aussi bonne détente qu'un lit à ressorts. Sa fermeté est excellente pour la colonne vertébrale. Voici quelques exercices que vous pouvez pratiquer. Essayez-les pendant une semaine, c'est excellent pour votre moral et votre charme!

a) Quand vous ressentez de la fatigue, allongez-vous sur le sol. Etirez-vous au maximum. Roulez-vous si vous le désirez. Faites cela deux fois par jour.

b) Fermez les yeux. Dites-vous : « Le soleil brille, le ciel est bleu. La nature est calme, sereine, et je suis à l'unisson. »

c) Si vous ne pouvez vous étendre, vous pouvez obtenir presque le même résultat en vous installant sur un siège, de préférence dur, avec un dossier raide. Asseyez-vous bien droit, comme une statue égyptienne, les mains sur les cuisses.

d) Ensuite, tendez lentement vos orteils – puis laissez-les se détendre. Tendez les muscles de vos jambes – et laissez-les se décontracter. Répétez cet exercice avec tous les muscles de votre corps, en montant lentement jusqu'à la nuque. Ensuite, laissez rouler la tête comme un ballon. Répétez-vous : « Je laisse aller mes muscles... je laisse aller... »

e) Calmez vos nerfs en respirant lentement, régulièrement, profondément. Les yogis font des exercices de respiration avant la méditation.

f) Pensez aux rides de votre visage, et lissez-les. Relâchez les barres d'inquiétude qui marquent votre front et entourent les coins de votre bouche. Faites cela deux fois par jour, et vous n'aurez peut-être pas besoin de vous faire masser. Qui sait si ces rides et ces plis ne disparaîtront pas de l'intérieur?

Principe n° 27
Apprenez à vous détendre chez vous.

CHAPITRE 28

QUATRE CONSEILS POUR ORGANISER VOTRE TRAVAIL

1) Débarrassez votre bureau de tout ce qui ne concerne pas le travail en cours.

Robert L. Williams, président des Chemins de Fer de Chicago, a dit un jour : « Une personne dont le bureau disparaît habituellement sous un amas de papier facilitera considérablement sa tâche et accomplira un meilleur travail si elle fait d'abord disparaître tout ce qui n'a pas trait directement au problème considéré. Faire table nette constitue le premier pas vers l'efficacité. »

Si vous visitez la bibliothèque du Congrès, à Washington, vous verrez, au plafond de la grande salle, une citation empruntée au poète Pope : « *L'ordre est la première loi du Ciel.* » L'ordre devrait être également la première loi d'un responsable. Est-ce le cas? On peut en douter.

Le bureau « normal » disparaît sous une couche de lettres et de rapports qui n'ont pas été regardés depuis des semaines. Le rédacteur en chef d'un journal de La Nouvelle-Orléans m'a raconté que son secrétaire, en décidant de débarrasser complètement un de ses bureaux, avait retrouvé une machine à écrire disparue depuis deux ans! La seule vue d'un bureau couvert de lettres auxquelles il faut répondre, de rapports, de mémos... suffit pour créer confusion, tension et inquiétude. Ce n'est pas tout. Le rappel constant de ces « mille choses à faire » peut provoquer stress, fatigue, accroissement de la tension artérielle, troubles cardiaques et ulcères de l'estomac.

Une approche aussi simple que le déblayage de notre bureau peut-elle nous éviter cette pression constante? Le Dr William Sadler, célèbre psychiatre, parle d'un patient qui, en appliquant ce simple moyen, a échappé à une dépression nerveuse. Quand cet homme entra dans le cabinet du Dr Sadler, il était tendu, nerveux, préoccupé. Il se rendait compte du sérieux de son état, mais ne pouvait abandonner son travail. Il avait besoin d'aide.
« Pendant que cet homme m'expliquait son cas, raconte le Dr Sadler, mon téléphone se mit à sonner. C'était l'hôpital; et au lieu de répondre que j'étais occupé pour l'instant, je pris le temps nécessaire pour parvenir, sur-le-champ, à une décision. J'ai toujours eu pour principe de régler, autant que possible, n'importe quelle question aussitôt qu'elle se posait. A peine avais-je raccroché que le téléphone sonna de nouveau. Encore une affaire urgente qui nécessita une discussion assez longue. Puis, il y eut encore une troisième interruption, un de mes confrères, qui vint me voir au sujet d'un malade dont l'état l'inquiétait. Après son départ, je voulus m'excuser auprès de mon client de l'avoir fait attendre. Mais, à mon grand étonnement, il s'était déridé. Son expression avait complètement changé.
« " Ne vous excusez pas, docteur! me dit-il en souriant. Je crois avoir compris, pendant ces dix minutes, pourquoi je suis dans cet état. Je vais immédiatement retourner à mon bureau pour réviser mes méthodes de travail... Seulement, avant de partir, pourrais-je jeter un coup d'œil à vos tiroirs? " Quelque peu surpris, j'ouvris les tiroirs de ma table de travail. Tous étaient vides, à part ceux qui contenaient mon papier à lettres, mes formulaires d'ordonnance, etc. " Dites-moi, demanda le patient, où rangez-vous les papiers concernant les affaires non terminées? – Elles sont terminées! – Et les lettres auxquelles vous n'avez pas encore répondu? – Il n'y en a pas. Je ne lâche pas une lettre avant d'y avoir répondu. Dès l'arrivée du courrier, je dicte toutes les réponses à ma secrétaire. " »
Six semaines plus tard, ce chef d'une grande entreprise industrielle pria le Dr Sadler de passer le voir à son bureau. L'homme était transformé et sa table de travail également. Il ouvrit devant le médecin tous ses tiroirs pour lui montrer qu'ils ne contenaient aucun papier relatif à une affaire non terminée. « Il y a six semaines, expliqua-t-il, j'avais trois tables de travail, dans deux pièces, et

j'étais littéralement submergé de boulot. Je n'arrivais jamais à tout traiter. Après avoir observé votre méthode, j'ai commencé à déblayer. J'ai rempli une pleine camionnette de vieux rapports et paperasses qui traînaient. Maintenant, je ne travaille qu'à une table, je traite les affaires à mesure qu'elles se présentent. Mais plus étonnant encore, je suis complètement rétabli, ma santé n'a jamais été aussi bonne ! »

Charles Evans Hughes, ancien président de la Cour suprême des Etats-Unis, a dit : « Les hommes ne meurent pas de surmenage. Ils meurent de fébrilité et d'inquiétude. »

2) Exécutez vos tâches par ordre d'importance.

Henry L. Dougherty, grand industriel américain, a déclaré qu'il n'avait presque jamais trouvé simultanément, même parmi ses meilleurs collaborateurs, les deux facultés suivantes : *primo, la faculté de réfléchir; secundo, la faculté de faire les choses par ordre d'importance.* Charles Ludman, qui de gratte-papier devint en douze ans président de la société Pepsodent, attribue son succès en grande partie au fait qu'il a su cultiver justement ces deux précieuses facultés : « Depuis longtemps, je me lève à cinq heures du matin, j'ai alors l'esprit plus clair qu'à tout autre moment du jour et j'établis mon programme de la journée en hiérarchisant mes tâches. » Evidemment, l'expérience m'a appris qu'il n'est pas toujours possible de traiter les dossiers de la journée dans un ordre logique, mais j'ai appris aussi qu'un plan de travail qui réserve la première place aux choses de première importance est préférable à l'improvisation.

3) Résolvez un problème sur-le-champ si vous avez suffisamment d'éléments pour décider.

Un de mes anciens participants, H.P. Howell, me raconta un jour qu'à l'époque où il faisait partie du conseil d'administration de la U.S. Steel Company, les réunions étaient souvent fastidieuses : on discutait un grand nombre de problèmes, et peu de décisions étaient prises. Le résultat? Chacun emportait chez lui des liasses de rapports à étudier. Finalement, Howell persuada ses collègues d'étudier un problème à la fois et de prendre systématiquement une décision. Plus de reports, plus de tergiversations. « Parfois, nous décidions de rassembler des informations complémentaires. Mais, de toute façon, nous prenions une décision avant de passer au problème suivant. Cette méthode produisit bientôt des résultats étonnants et bienfaisants ; l'ordre du jour était devenu simple et clair. » C'est une excellente méthode pour un chef d'entreprise, mais aussi pour nous tous.

4) Apprenez à organiser, à déléguer et à exercer un contrôle positif.

Beaucoup de responsables s'usent prématurément parce qu'ils n'ont jamais appris à déléguer une partie de leurs responsabilités et qu'ils persistent à vouloir tout faire eux-mêmes. Ils souffrent alors de fébrilité, d'inquiétude, de tension. Je sais qu'il est difficile de déléguer des responsabilités. Je ne m'y suis résigné qu'à regret. Je sais aussi, pour en avoir fait l'expérience, qu'on risque la catastrophe si l'on délègue l'autorité à des personnes insuffisamment qualifiées. Mais, quelles que soient les difficultés rencontrées, il faut le faire si on veut éviter stress, tension et fatigue.

Principe n° 28

Adoptez ces quatre bonnes habitudes :

1) Débarrassez votre bureau de tout ce qui ne concerne pas le travail en cours.
2) Exécutez vos tâches par ordre d'importance.
3) Résolvez un problème sur-le-champ, si vous avez suffisamment d'éléments pour décider.
4) Apprenez à organiser, à déléguer et à exercer un contrôle positif.

CHAPITRE 29

COMMENT SORTIR DE LA ROUTINE

Une des causes principales de la fatigue est l'ennui. Pour illustrer cela, prenons le cas d'Alice, une jeune fille qui habite près de chez nous. Ce soir-là, Alice rentre de son travail complètement épuisée. Elle se *comporte* comme une personne fatiguée et elle *est* fatiguée. Elle a mal à la tête, mal au dos. Elle est à bout de forces et veut se coucher sans dîner. Sa mère insiste... et finalement, elle passe à table. Le téléphone sonne. Son petit ami ! Une invitation à une soirée dansante. Les yeux d'Alice brillent, son humeur rebondit. Elle se précipite dans sa chambre, enfile sa belle robe bleue et danse jusqu'à quatre heures du matin. Et quand, enfin, elle rentre à la maison, elle n'est pas du tout fatiguée. Elle est même si gaie, si enchantée, qu'elle n'arrive pas à s'endormir.
Est-ce qu'Alice était vraiment fatiguée, huit heures plus tôt, quand elle paraissait épuisée et se conduisait comme une personne épuisée? Sans aucun doute. Elle était à bout de forces parce que son travail l'ennuyait, que, peut-être, sa vie l'ennuyait. Il y a des millions de personnes comme Alice. Peut-être en êtes-vous?

C'est un fait bien connu que notre attitude émotive provoque en général une fatigue bien plus grande que l'effort physique. Il y a quelques années, le Dr Joseph Barmack publia dans les *Archives de la psychologie* un rapport sur ses expériences destinées à démontrer que l'ennui produit la fatigue. Il soumit un groupe d'étudiants à une série de tests qui, il le savait d'avance, ne pouvaient guère les intéresser. Résultat : les étudiants se sentaient fatigués,

avaient envie de dormir, se plaignaient de migraines, de troubles visuels, devenaient irritables. Certains d'entre eux souffraient même de maux d'estomac. Etait-ce leur « imagination »? Nullement. Des tests de métabolisme prouvent que la tension artérielle et la consommation d'oxygène décroissent lorsqu'une personne s'ennuie, alors que le métabolisme reprend son rythme normal dès que le sujet commence à s'intéresser à son travail.
Nous nous fatiguons rarement tant que nous avons une occupation intéressante. J'en ai fait moi-même l'expérience au cours de vacances passées dans les montagnes Rocheuses du Canada, aux environs du lac Louise. Pendant plusieurs jours, je pêchais la truite dans un torrent de montagne, ce qui m'obligeait à me frayer un chemin à travers des broussailles, escaladant des troncs d'arbres couchés par les tempêtes. Pourtant, après huit heures d'activités, je n'étais nullement fatigué. Pourquoi? Parce que je trouvais cela merveilleux. De plus, j'étais très fier de mon tableau de chasse : six belles truites. Mais, supposons maintenant que la pêche m'ait ennuyé, dans quel état serais-je rentré, à votre avis? J'aurais été épuisé par cet exercice pénible à deux mille mètres d'altitude.

Même lors d'un effort aussi harassant qu'une ascension en haute montagne, l'ennui pourrait vous fatiguer peut-être plus que la dépense physique. En voici un exemple qui m'a été rapporté par Mr. Kingman, président de la Caisse d'Epargne de Minneapolis. En juillet 1943, le gouvernement canadien demanda au Club alpin canadien de lui fournir des guides pour entraîner les chasseurs du régiment « Prince de Galles ». Mr. Kingman faisait partie des guides sélectionnés. Ces montagnards, des hommes âgés de quarante-deux à cinquante-neuf ans, emmenèrent les jeunes soldats faire des randonnées sur des glaciers, escalader des parois abruptes, s'accrochant des mains et des pieds à des prises minuscules. Ils firent l'ascension du pic Michel, et de plusieurs autres sommets au cœur des Rocheuses. Au bout de quinze heures, ces jeunes gens en excellente forme, qui venaient de terminer un stage de six semaines dans un camp d'entraînement commandos, étaient complètement épuisés.
Leur épuisement était-il dû au fait qu'ils avaient utilisé des muscles que l'entraînement des commandos n'avait pas suffisamment endurcis? Tous ceux qui ont eu l'occasion

de suivre un tel entraînement trouveront cette question parfaitement ridicule. Non, ils étaient épuisés parce que ces exercices d'alpinisme les ennuyaient. Ils étaient tellement exténués que beaucoup d'entre eux s'écroulèrent sur les lits avant d'avoir mangé ! Les guides, des hommes deux ou même trois fois plus âgés que les soldats, étaient fatigués eux aussi, mais pas épuisés. Ils dînèrent normalement et discutèrent ensuite pendant des heures des observations faites au cours de l'excursion. Ils n'étaient pas épuisés parce que cette expérience les avait passionnés.

Le Dr Thorndike, de l'Université de Columbia, eut l'idée, au cours de ses expériences sur la fatigue, de garder plusieurs étudiants éveillés pendant près d'une semaine, en maintenant constamment leur intérêt. Après des recherches approfondies, il déclara : « Outre le manque de sommeil, l'ennui est une cause majeure de la perte d'aptitude au travail. »

En ce qui concerne le travailleur sédentaire, sa fatigue provient rarement de la quantité de travail accompli. Souvent, elle est due à la quantité de travail qu'il *n'a pas pu* accomplir. Rappelez-vous cette journée, la semaine dernière, où vous avez subi tant d'interruptions, pas de réponse au courrier, les rendez-vous annulés. Tout allait mal ce jour-là et vous n'avez pas fait grand-chose, mais la fatigue se faisait sentir au retour avec, peut-être, la migraine en plus. Le lendemain, tout marchait à merveille. Vous abattiez quarante fois plus de besogne que la veille. Et pourtant, le soir, vous étiez en pleine forme. N'est-ce pas vrai ? Vous avez fait cette expérience, moi aussi. **Notre fatigue provient souvent, non pas de notre travail, mais du stress, des déceptions et du ressentiment.**

J'ai assisté récemment à une reprise de *Show Boat* de Jerôme Kern. Dans cette pièce, un personnage proclame, lors d'un intermède philosophique : « **Les gens vraiment heureux sont ceux qui font ce qu'ils aiment.** » Ces gens-là sont heureux parce qu'ils ont plus d'énergie, plus de joie, moins de soucis et, par conséquent, moins de fatigue. **L'attrait crée l'énergie.** Marcher cinq cents mètres avec une personne grincheuse peut être plus fatigant que dix kilomètres avec quelqu'un qui vous adore.

Alors, que puis-je faire? Voici ce qu'a fait une secrétaire d'une société pétrolière de Tulsa dans l'Oklahoma. Chaque mois, cette jeune fille devait pendant plusieurs jours faire un travail particulièrement ennuyeux : taper des formulaires de licences de forage, en y insérant des noms et des chiffres. Cette besogne était tellement monotone qu'elle résolut un jour, dans un réflexe « d'auto-défense », de la rendre intéressante. Comment? En faisant chaque jour un concours avec elle-même. Elle comptait les formulaires qu'elle avait remplis le matin, et s'efforçait de dépasser ce chiffre au cours de l'après-midi. Bientôt, elle arrivait à remplir plus de feuilles que n'importe qui dans son service. Qu'est-ce que cet effort lui rapporta? Des éloges, de l'avancement, une augmentation? Non... Mais en s'administrant ce stimulant mental, elle accroissait sa propre énergie. Je puis vous garantir l'authenticité de cette histoire, car cette jeune fille est devenue ma femme!

William James nous conseille d'agir « comme si » nous étions courageux pour être courageux; de nous conduire « comme si » nous étions heureux pour être heureux. Faites semblant, s'il le faut, d'être intéressé par votre travail, et cette simulation finira par vous y faire découvrir un intérêt réel. En même temps, cette attitude vous aidera à diminuer votre fatigue et votre stress.

Il y a quelques années, Harlan A. Howard résolut de rendre intéressant le travail qu'il faisait pour financer ses études : faire la vaisselle, laver le comptoir et servir des glaces dans le réfectoire du collège. Il entreprit de se documenter sur tout ce qui concernait la glace : fabrication, ingrédients, spécificités de chaque marque et devint rapidement « l'as » du cours de chimie. Se passionnant pour la chimie alimentaire, il s'inscrivit à l'Université du Massachusetts et obtint son diplôme de technologie alimentaire. Comme il ne pouvait trouver un emploi correspondant à ses ambitions, il installa un laboratoire dans le sous-sol de sa maison. Lorsqu'une nouvelle loi imposa le contrôle des cultures microbiennes du lait, Howard devint le prestataire des quatorze sociétés laitières de sa ville et engagea deux assistants.
Où sera-t-il d'ici à vingt-cinq ans? Ceux qui dirigent actuellement les maisons de chimie alimentaire auront, à

ce moment-là, pris leur retraite; leurs places seront prises par des jeunes qui, aujourd'hui, sont pleins d'enthousiasme et d'initiative. Dans vingt-cinq ans, Harlan Howard sera probablement un des premiers dans sa profession. Il aura créé sa chance, en décidant de se passionner pour son travail.

H.V. Kaltenborn, le célèbre commentateur politique de la radio, me raconta cette expérience: à vingt-deux ans, il décida de visiter l'Europe. Après avoir fait un tour d'Angleterre à bicyclette, il arriva à Paris, l'estomac et les poches vides. Par une annonce dans l'édition parisienne du *Herald Tribune*, il trouva une place comme vendeur de stéréoscopes. Vous vous rappelez peut-être ces instruments assez rudimentaires permettant de regarder deux images identiques. Les deux lentilles transforment la double image en une seule qui apparaît en relief. On voit en quelque sorte la distance, avec une impression étonnante de perspective réelle. Kaltenborn se mit à offrir ces appareils en porte à porte dans Paris, sans parler le français! La première année, il gagna cinq mille dollars de commissions, ce qui faisait de lui un des meilleurs représentants de France. Kaltenborn dit que cette expérience a été capitale pour développer sa confiance en lui. Il m'a raconté qu'après cette expérience, il se sentait capable de vendre aux ménagères françaises *The Congressional Record*, relatant les débats du Parlement américain! Il acquit en même temps une connaissance de la culture française qui devait lui être précieuse plus tard pour analyser et commenter l'actualité européenne.
Mais comment faisait-il pour travailler sans connaître la langue française? Ayant demandé à son patron de lui écrire ce qu'il devait dire, en français, il savait son texte par cœur. Aussi lorsqu'il sonnait à une porte et qu'on lui ouvrait, il se mettait à débiter son petit discours, avec un accent marqué, puis il montrait ses images, et dès qu'on lui posait une question, il haussait les épaules en disant: « Moi, Américain... moi, Américain ». Il enlevait alors son chapeau et montrait, sur une feuille de papier collée à l'intérieur, le texte qu'il venait de réciter. Fréquemment, la personne se mettait à rire, lui aussi riait et montrait d'autres images. Kaltenborn admettait que ce travail était loin d'être facile. Chaque matin, avant de sortir, il se postait devant la glace et se tenait à lui-même un discours encoura

geant : « *Kaltenborn, si tu veux manger, tu dois faire ce travail. Alors, pourquoi ne pas le faire gaiement? Imagine-toi, chaque fois que tu sonnes à une porte, que tu es un acteur sur le point d'entrer en scène, en point de mire d'une nombreuse assistance. Après tout, ce « job » est aussi intéressant et drôle que celui d'un acteur. Alors, mets-y le maximum d'enthousiasme !* » Mr. Kaltenborn estime que cette automotivation quotidienne l'a aidé à transformer un travail redouté en une aventure agréable et très profitable.

J'ai alors demandé à Mr. Kaltenborn le conseil qu'il donnerait aux jeunes gens débutant dans la vie. Il répondit : « Nous parlons souvent de l'importance du sport. Eh bien, réveillons-nous aussi mentalement, arrachons-nous à cette torpeur dans laquelle nous vivons si facilement. Nous avons besoin chaque matin d'exercice mental et spirituel pour nous lancer dans l'action. Tenons-nous chaque jour un discours stimulant. »

Cette méthode vous paraît superficielle, puérile? Bien au contraire, elle est la quintessence d'une psychologie intelligente. « Notre vie est ce que nos pensées en font. » En nous encourageant nous-mêmes à chaque heure du jour, nous pouvons donner à nos pensées une orientation nouvelle de courage, de puissance et de sérénité. En nous efforçant de découvrir les aspects intéressants de notre travail, nous l'apprécierons davantage. Pensons à ce que nous allons y gagner : doubler la quantité de bonheur que la vie nous accorde! Car en faisant abstraction des heures de sommeil, nous passons environ la moitié de notre existence à travailler, et si notre occupation principale ne nous procure aucune satisfaction, nous avons peu de chances d'en trouver ailleurs. Rappelons-nous toujours qu'en nous intéressant à notre travail, nous atténuons notre stress et nos soucis, et nous nous préparons un avenir meilleur. C'est, aussi, un moyen de réduire notre fatigue et de mieux profiter de nos loisirs.

Principe n° 29
Mettez de l'enthousiasme dans votre travail.

CHAPITRE 30

COMMENT DÉJOUER L'INSOMNIE

Ressentez-vous de l'agacement quand vous ne dormez pas bien? Oui? Alors, vous trouverez peut-être intéressante l'histoire de Samuel Untermeyer, avocat international qui de toute sa vie n'a pu dormir une nuit entière.
Etudiant, Samuel Untermeyer souffrait déjà de deux maux qui l'inquiétaient : asthme et insomnie. Comme il ne pouvait se débarrasser ni de l'un ni de l'autre, il décida d'en tirer parti. Au lieu de se retourner dans son lit, il se levait et étudiait. Il devint ainsi le meilleur élément de son collège puis de la faculté de droit de New York. Toujours insomniaque après s'être inscrit au barreau, Untermeyer restait serein. Bien que dormant fort peu, il était en bonne santé, et capable de fournir davantage de travail que n'importe quel autre jeune avocat. A vingt et un ans, Samuel Untermeyer gagnait soixante-quinze mille dollars par an. Chaque fois qu'il plaidait, ses jeunes confrères se pressaient dans la salle pour étudier ses méthodes. En 1931, il reçut pour une affaire les honoraires les plus élevés jamais payés à l'époque : un million de dollars!
Il lisait la moitié de la nuit puis, à cinq heures du matin, il se levait et commençait à dicter son courrier. A l'heure où la plupart commençaient leur travail, près de la moitié du sien était déjà fait. Cet homme atteignit l'âge respectable de quatre-vingts ans; mais s'il s'était continuellement inquiété de son insomnie, il serait probablement mort beaucoup plus tôt.

Nous passons environ un tiers de notre existence à dormir et cependant, personne ne sait vraiment ce qu'est le sommeil. Nous savons que le sommeil est une nécessité qui nous permet de récupérer des efforts de la journée, mais nous ignorons le nombre d'heures de sommeil dont chaque individu a réellement besoin. Certaines personnes ont besoin de dormir plus que d'autres. Toscanini se contentait de cinq heures par nuit, alors qu'il en fallait au moins le double à Calvin Coolidge. Toscanini a sacrifié au sommeil environ un cinquième de sa vie, tandis que Coolidge a passé presque la moitié de son existence à dormir.

L'inquiétude que l'on peut éprouver face à l'insomnie est certainement plus néfaste que l'insomnie elle-même. Le Dr Nathaniel Kleitmann, professeur à l'Université de Chicago, a conduit des recherches approfondies sur le sommeil. Il déclare qu'à sa connaissance personne n'est encore mort d'insomnie et que les gens se plaignant d'insomnie dorment souvent beaucoup plus qu'ils ne l'admettent. Une personne dit : « Je n'ai pas fermé l'œil de la nuit », et a dormi plusieurs heures sans le savoir.

La première condition d'un bon sommeil est un sentiment de sécurité. Dans un discours prononcé devant l'Association médicale britannique, le Dr Thomas Hyslop a particulièrement insisté sur ce point : « Ma longue expérience m'a permis de constater, uniquement en tant que médecin, qu'un des meilleurs inducteurs du sommeil est *la prière*. Ce qui, pour les croyants, semble le plus adéquat et le plus normal des calmants pour l'esprit et les nerfs. »

A défaut, il est possible de se détendre physiquement. D'après le Dr Harold Fink, le meilleur moyen d'y parvenir est le dialogue intérieur. La parole ouvre la porte à toutes sortes d'hypnoses. Nous pouvons dire aux muscles de notre corps : « Laisse-toi aller... décontracte-toi. » Le Dr Fink recommande de placer un coussin sous les jambes, et de petits coussins sous les bras. Puis de faire le tour de nos membres, mâchoires, yeux... En propageant la détente, nous arriverons à nous endormir avant même de nous en rendre compte. J'ai essayé cette méthode, elle est excellente.

Un des meilleurs traitements de l'insomnie est la fatigue physique résultant du jardinage, du sport ou simplement d'un travail physiquement épuisant.

Si nous sommes suffisamment fatigués, nous dormirons même en marchant. Je me rappelle avoir accompagné mon père pour un transport de marchandises quand j'avais treize ans. Jusqu'alors, je ne connaissais que le bourg voisin du nôtre, une localité de quatre mille habitants. Arrivé à Saint-Joe, ville de soixante mille habitants, j'étais surexcité. Je vis des « gratte-ciel » de six étages et un tramway! Après cette journée, passionnante, mon père et moi avons repris le train qui devait nous ramener à Ravenwood. Arrivés à deux heures du matin, nous avions encore sept kilomètres à faire pour rentrer à la ferme. J'étais tellement épuisé que je dormais et rêvais en marchant. Il m'est d'ailleurs arrivé, plus tard, de m'endormir alors que j'étais à cheval.

Lorsqu'on est vraiment à bout de forces, on peut dormir sous les bombardements, au milieu de l'horreur et des dangers de la guerre. Foster Kennedy, neurologue, m'a raconté avoir vu, en 1918, lors d'une retraite de l'armée anglaise, des hommes complètement épuisés s'abattre sur le sol, à l'endroit même où leur unité s'était arrêtée, et s'endormir profondément. Ils ne se réveillaient même pas quand il soulevait leurs paupières. Il constata alors que les prunelles de tous les dormeurs étaient roulées vers le haut. « Depuis, conclut le Dr Kennedy, j'ai pris l'habitude, dès que le sommeil se fait attendre, de rouler mes pupilles vers le haut. Régulièrement, au bout de quelques instants, je commence à bâiller et à avoir sommeil. C'est un réflexe automatique. »

Personne ne s'est encore suicidé en refusant de dormir, et personne ne choisira ce moyen de se supprimer. La nature forcera toujours l'homme à dormir, quelle que soit sa volonté. La nature nous permettra de rester sans nourriture et sans eau beaucoup plus longtemps qu'elle ne nous laissera sans sommeil.

Parlant de suicide, je me rappelle une histoire rapportée par le Dr Henry C. Link dans son livre *La Redécouverte de l'homme*. Un patient voulait absolument se suicider tant il se sentait fatigué de perpétuelles insomnies. Sachant que toute discussion ne servirait qu'à affermir cette décision, Link lui lança un défi : « Puisque de toute façon, vous allez mettre votre projet à exécution, suicidez-vous au moins d'une manière héroïque. Faites le tour du pâté d'immeubles en courant, jusqu'à ce que vous tombiez raide mort. » L'homme essaya plusieurs fois, à chaque fois plus à l'aise dans sa tête, sinon dans ses muscles. Le troisième soir, il était arrivé au résultat souhaité par le Dr Link : tellement fatigué et détendu, qu'il dormit comme une masse. Plus tard, il s'inscrivit dans un club sportif et commença à participer à des compétitions d'athlétisme. Se sentant bien, il se mit alors à vouloir vivre aussi longtemps que possible...

Principe n° 30
Ne redoutez pas l'insomnie.

HISTOIRES VÉCUES

Six catastrophes me menacent en même temps

par C.L. Blackwood, directeur de l'école de commerce Blackwood-Davis à Oklahoma City

Au début de l'été 1943, j'ai l'impression que la moitié des soucis du monde se sont abattus sur mes épaules. Pendant plus de quarante ans, j'ai mené une existence tranquille, exempte de soucis majeurs. J'ai connu, bien entendu, le stress que connaissent tous les maris, pères, chefs d'entreprises... Après tout, une école privée est aussi une entreprise mais j'ai toujours réussi à surmonter ces difficultés, jusqu'au jour où... six véritables catastrophes me frappent simultanément. Dévoré d'inquiétude, je passe alors des nuits à me retourner dans mon lit, tremblant à l'idée du lendemain.

Comment vais-je faire face aux six désastres qui me menacent?

1. Mon école de commerce est à deux doigts de la faillite. Les jeunes gens partent pour la guerre, et les jeunes filles gagnent davantage dans les usines d'armement que mes élèves, une fois leur diplôme en poche.
2. Mon fils aîné est mobilisé, et j'éprouve l'angoisse obsédante que connaissent des millions de pères dont les fils sont sous les drapeaux.
3. La Ville d'Oklahoma a entrepris une vaste opération d'expropriation afin de créer un aéroport, et ma maison se trouve au centre des terrains que la municipalité entend acquérir. Je sais que l'indemnité ne dépassera pas le dixième de sa valeur réelle et, plus grave encore, je vais

rester sans logement. A cette époque, la crise du logement se fait durement sentir et je me demande comment je vais trouver un abri, même provisoire, pour ma femme et mes quatre enfants.

4. Le puits de mon jardin est soudainement mis à sec par un canal d'irrigation qu'on vient de creuser près de la maison. Le forage d'un nouveau puits gaspillerait cinq cents dollars, à cause du projet d'expropriation. Je suis donc forcé de partir chaque matin avec des seaux pour chercher de l'eau.

5. J'habite à sept kilomètres de mon école. Or, on m'a donné une carte d'essence « B » qui ne me permet pas d'acheter de nouveaux pneus, et je me demande comment je vais pouvoir me rendre à l'école quand les pneus déjà terriblement usés de ma vieille Ford auront rendu l'âme.

6. Ma fille aînée a terminé ses études secondaires avec un an d'avance. Sa grande ambition est d'aller à l'université et je n'ai pas assez d'argent pour l'y envoyer. Elle l'ignore, bien entendu, mais je sais que l'abandon de ce projet va la décevoir terriblement.

Un après-midi, alors que je suis dans mon bureau, en train de ruminer mes angoisses, je décide de les noter noir sur blanc. Je trouve normal d'avoir à lutter afin de surmonter les obstacles, mais les problèmes auxquels je dois faire face à présent me paraissent totalement insolubles et j'ai l'impression d'être complètement désarmé. Je range alors cette liste dactylographiée dans un dossier et au bout de quelques mois, j'ai complètement oublié son existence. Mais, environ deux ans plus tard, je retrouve, en cherchant une lettre égarée, l'énumération des six catastrophes dont la menace a failli ébranler ma santé. Je la parcours avec grand intérêt et cela m'est très profitable, car je constate qu'aucune de mes craintes ne s'est réalisée.

Voici ce qui s'est passé :

1. Ma crainte d'être obligé de fermer mon école s'est évaporée. Le gouvernement a commencé à placer des anciens combattants dans les écoles de commerce, dans le cadre du programme de réadaptation. Et en quelques mois, mon école a atteint son quota maximum.

2. L'angoisse que j'ai éprouvée pour mon fils aîné a été inutile également. Il a terminé la guerre sans une blessure.

3. A deux kilomètres de ma propriété, on a découvert un gisement de pétrole qui a donné aux terrains avoisinants

une valeur telle qu'il n'est plus question de rachat, ni d'expropriation pour un aéroport.

4. Apprenant cela, j'ai investi les cinq cents dollars nécessaires au forage d'un nouveau puits. J'aurais pu m'épargner mes soucis d'approvisionnement en eau.

5. Mon inquiétude au sujet de mes pneus est aussi superflue. Grâce à ma prudence, et à force d'être réparés, mes pneus ont « tenu le coup ».

6. Enfin, on m'a offert, c'est inespéré, un travail de comptable en plus de mes occupations de directeur d'école. Et ces appointements supplémentaires me permettent d'envoyer ma fille à l'université dès la rentrée.

J'ai souvent entendu dire que 99 % des événements que nous redoutons et qui nous empêchent de dormir ne se réalisent jamais, mais cela ne m'avait guère frappé avant que je ne retrouve cette liste de catastrophes potentielles, qui ne s'étaient pas réalisées deux ans plus tard.

L'angoisse que j'ai éprouvée m'a donné une leçon que je n'oublierai jamais. Grâce à cette expérience, je comprends à quel point il est dangereux pour notre système nerveux de nous tourmenter au sujet d'événements qui échappent à notre contrôle et qui ne se produiront peut-être jamais.

Je fais le plein d'optimisme en une heure!

par Roger W. Babson, économiste

Quand je trouve que les choses vont mal, je peux, en une heure, évacuer mon stress et mes inquiétudes, et même faire le plein d'optimisme.

Voici comment : je vais dans ma bibliothèque, au rayon des livres d'histoire, j'en saisis un, l'ouvre au hasard et lis pendant une heure. Plus je lis, plus je me rends compte que le monde a toujours été dans les affres de l'agonie, que la civilisation a toujours été vacillante. Les pages d'histoire sont pleines d'événements tragiques : guerres, famines, pauvreté et injustices.

A la fin de cette heure, je peux considérer les conditions actuelles comme infiniment meilleures. Cela m'aide à voir mes ennuis présents dans une perspective plus réaliste et à y faire face. Je constate, en même temps, que l'humanité, dans l'ensemble, progresse constamment.

Le temps arrange bien des choses!

par Louis T. Montant

Les soucis m'ont fait perdre dix années, de dix-huit à vingt-huit ans. Alors que celles-ci auraient pu être les plus profitables de ma vie.

Je me rends compte maintenant que j'étais responsable de cette perte de temps. Je me tracassais à propos de tout : mon travail, ma santé, ma famille et un sentiment d'infériorité. Il m'arrivait de traverser la rue pour éviter des personnes que je connaissais. Je redoutais tellement la rencontre d'inconnus qu'en deux semaines, j'ai raté trois entretiens d'embauche. Simplement parce que je n'avais pas le courage d'affirmer devant le recruteur ce que j'étais capable de faire.

Huit ans plus tard, en une demi-journée, j'ai trouvé le moyen de surmonter mes problèmes. Cet après-midi-là, je me trouvais dans le bureau d'un homme qui avait affronté bien plus de difficultés que moi. A trois reprises, en 1929, 1933 et 1939, il avait fait fortune et tout perdu. Malgré la traque des créanciers, il avait surmonté ces faillites. Beaucoup ont été démolis ou poussés au suicide en de telles circonstances, mais cela semblait glisser sur lui comme l'eau sur les plumes d'un canard. J'enviais cette aptitude.

« Je vais vous confier un petit secret, me dit-il. La prochaine fois que vous avez quelque chose qui vous tracasse vraiment, prenez un crayon et notez-le en détail. Puis mettez ce papier dans le dernier tiroir de votre bureau. Laissez passer quelques semaines et jetez-y un coup d'œil. Si ce que vous avez écrit continue à vous tracasser, remettez le papier dans le tiroir pendant encore deux semaines. Il sera en sécurité et rien ne lui arrivera. Mais entre-temps, bien des choses peuvent se passer. J'ai constaté que, lorsque je sais faire preuve de patience, ce qui devait m'abattre se dégonfle souvent comme un ballon percé. »

Ce conseil fit sur moi une forte impression. Je l'utilise depuis des années et, grâce à cela, je me tracasse rarement.

Il m'était défendu de parler ou de bouger

par Joseph L. Ryan

Il y a plusieurs années, je fus cité comme témoin dans un procès qui m'affecta beaucoup. Rentré chez moi, je me suis effondré. Crise cardiaque! Il m'était presque impossible de respirer.

Un médecin me fit une injection et quand je repris conscience, je vis le prêtre de la paroisse déjà prêt à me donner l'extrême-onction. Je lisais le chagrin sur les visages des membres de ma famille. Je pensais que mon heure était arrivée. Effectivement, j'appris plus tard que le médecin avait prévenu ma femme que je ne tiendrais probablement pas plus de trente minutes. Mon cœur était si faible qu'il m'était interdit de parler ou de faire le moindre mouvement.

Je n'ai jamais été un saint, mais j'ai appris une chose : ne pas discuter avec Dieu. J'ai donc fermé les yeux et pensé : « Que Ta volonté soit faite... si c'est pour maintenant, que Ta volonté soit faite. »

Ayant accepté cette pensée, je me suis immédiatement détendu. Mes craintes disparurent et je me demandai calmement quel était le pire qui puisse arriver. Le pire semblait être un retour possible de ces douleurs dans la poitrine, après, ce serait la fin. Comme au bout d'une heure, aucune douleur ne s'était manifestée, je me demandai ce que je ferais de ma vie si je survivais. Je pris alors la résolution de faire tout ce que je pouvais pour regagner ma santé et ne plus me stresser.

C'était il y a quatre ans. Depuis, j'ai retrouvé mes forces à un point tel que même le médecin s'étonne de l'amélioration de mes électro-cardiogrammes. Je ne me stresse plus du tout. Une nouvelle joie de vivre! C'est en acceptant le pire que j'ai pu connaître un tel redressement.

Je sais faire le vide

par Ordway Tead

Il y a longtemps que j'ai appris à dominer le stress, et cela pour trois raisons :

1. Je suis trop occupé pour me tracasser. J'ai trois activités principales, qui pourraient chacune m'occuper à plein temps : je suis président du Conseil de l'éducation supérieure de New York, je donne des conférences à l'Univer-

sité de Columbia et suis par ailleurs responsable de la section vie économique et sociale de la maison d'édition Harper & Brothers. Ces trois responsabilités ne me laissent vraiment pas le loisir de me tracasser pour les problèmes secondaires.
2. Je sais bien faire le vide. Quand je passe d'une tâche à une autre, j'élimine de ma pensée tout ce qui concerne le problème précédent. Je trouve stimulant de passer d'une activité à une autre. Cela me repose et me clarifie l'esprit.
3. J'ai pris l'habitude, en quittant le bureau, d'écarter de mes pensées tous les problèmes relatifs à mes dossiers. Ceux-ci requièrent toute mon attention. Si je les emportais chez moi le soir pour y travailler, j'y laisserais ma santé et perdrais mon aptitude à les résoudre.

Je me suicidais lentement
parce que je ne savais pas me détendre
par Paul Sampson

Il y a six mois encore, je traversais la vie à grande vitesse. J'étais en permanence sous tension. Je rentrais chez moi le soir, soucieux et fatigué nerveusement. Pourquoi? Parce que personne ne m'avait jamais dit : « Paul, c'est du suicide. Vous devez ralentir, vous détendre. »
Le matin, je me levais promptement, mangeais rapidement, me rasais vite, m'habillais précipitamment et me rendais au travail agrippé au volant comme s'il allait s'envoler. Je travaillais fébrilement, rentrais chez moi en vitesse et, le soir, j'essayais même de dormir vite.
J'étais dans un tel état que je suis allé voir un neurologue connu à Detroit. Il me dit de me détendre et me recommanda d'y penser constamment tout en travaillant, en conduisant, en mangeant et au moment de dormir; il me dit que je me suicidais lentement parce que je ne savais pas comment me détendre.
Depuis, je pratique la relaxation. Quand je me couche, je n'essaye pas de dormir avant d'avoir complètement détendu mon corps et ma respiration. Je me réveille reposé, alors qu'auparavant j'étais toujours fatigué et tendu. Je me détends pendant les repas et quand je conduis. Bien sûr, je fais attention au volant, mais je conduis avec l'esprit plutôt qu'avec les nerfs. C'est surtout au travail que je trouve important de me détendre. Plu-

sieurs fois par jour, je m'arrête pour vérifier si je suis vraiment bien détendu.
Quand le téléphone sonne, je ne le saisis pas comme si quelqu'un d'autre essayait de l'attraper avant moi et quand quelqu'un me parle, je suis aussi détendu qu'un bébé.
Le résultat? La vie est bien plus agréable. Je suis libéré de la fatigue et du stress.

Je me conduisais de façon hystérique
par Cameron Shipp

Pendant plusieurs années, je vécus, heureux et content, en travaillant au service publicité de la Warner Bros, où j'écrivais des articles et des histoires sur les vedettes de la compagnie.
Tout à coup, me voilà nommé directeur adjoint de la publicité, ce qui me vaut un énorme bureau avec un réfrigérateur particulier et deux secrétaires, à la tête d'une équipe de soixante-quinze experts de publicité et marketing. Je suis très fier, j'essaie de parler avec dignité. J'institue un système inédit de classement des dossiers, je promulgue des décisions capitales en faisant preuve d'autorité.
J'ai l'impression de porter sur mes seules épaules le fardeau écrasant de tout ce qui concerne la publicité de la Warner Bros. La vie publique et privée de personnages aussi célèbres que Bette Davis, James Cagney, Edward G. Robinson, Errol Flynn et Ann Sheridan se retrouve entièrement entre mes mains. En moins d'un mois, je me sens malade, persuadé d'avoir un ulcère à l'estomac, sinon un cancer.
Après chaque réunion, je suis pris de malaises. Et je n'exagère pas... J'ai tant de travail, et si peu de temps pour le faire! Tout est tellement important, vital, et je suis si peu à la hauteur de ma tâche! Je maigris. Je n'arrive plus à dormir, la douleur ne me laisse pas un instant de repos.
Enfin, je consulte un spécialiste, qui compte parmi ses clients de nombreux agents de publicité. Notre entretien est très bref; le médecin me donne juste le temps d'expliquer ma façon de vivre, mes occupations, et les douleurs que je ressens. Tout d'abord, il paraît plus intéressé par mon travail que par mes souffrances; mais je me rassure bientôt car, durant deux semaines il me soumet à tous les

examens possibles et imaginables. Finalement, après m'avoir ausculté, palpé et radiographié, il me demande de venir à son cabinet pour prendre connaissance des résultats.

« Mr. Shipp, commence-t-il, nous voilà au terme de cette longue série d'examens. Ils étaient indispensables, quoique j'aie compris, dès votre première visite, que vous n'aviez ni ulcère, ni cancer. Mais je savais aussi, étant donné l'homme que vous êtes et le travail que vous faites, que vous ne me croiriez pas, si je ne vous donnais pas la preuve de ce que j'avance. Eh bien, voici cette preuve. » Il me montre les radiographies, les explique, de manière à me faire comprendre qu'en effet, je n'ai pas d'ulcère. « Tout cela va vous coûter cher, mais cette dépense n'aura pas été inutile, bien au contraire. Maintenant, je vais vous donner ma prescription : *Cessez de vous stresser!* »

« Attendez, fait-il, voyant que je vais protester. Je me rends compte que vous ne pouvez suivre ce conseil dès demain. Je vais donc vous donner quelque chose qui vous aidera. Voici des pilules. Vous pouvez en prendre tant que vous voudrez. Ces pilules ne vous feront aucun mal. Elles vous aideront simplement à vous détendre. Mais n'oubliez pas qu'au fond, vous pouvez vous en passer. Tout ce que vous avez à faire, c'est de cesser de vous faire du souci. Si vous recommencez à être stressé, vous serez obligé de me consulter à nouveau, et je vous enverrai à nouveau une note salée. Pensez-y. »

Je voudrais pouvoir dire que la leçon produit ses premiers effets dès la fin de l'entretien, et que je cesse immédiatement de m'inquiéter. Malheureusement, il n'en est rien. Pendant plusieurs semaines, je prends ces pilules chaque fois que je suis préoccupé. Elles me soulagent immédiatement. Mais peu à peu, je commence à me trouver ridicule. Je suis grand, vigoureux. Et pourtant, je prends de petites pilules pour me détendre. Je me conduis de façon hystérique. Quand mes amis me demandent pourquoi je prends ces pilules, j'ai honte. Bientôt, je me moque de moi-même : « Voyons, Bette Davis, James Cagney et Edward G. Robinson étaient célèbres dans le monde entier avant que tu ne t'occupes de leur publicité ; et si tu mourais ce soir, la Warner Bros arriverait bien à s'en tirer sans toi. Ce qui prouve que tu te prends beaucoup trop au sérieux. Regarde donc Eisenhower, le général Marshall, MacArthur et l'amiral King,

ils dirigent notre effort de guerre sans prendre de médicaments. Et toi, tu ne peux pas aller à une réunion de scénaristes sans avaler quelques pilules. »
Je commence à essayer de me passer de ces pilules. Un peu plus tard, je les jette à la poubelle. Au lieu de me « droguer », je rentre chaque soir assez tôt pour prendre quelques minutes de repos avant le dîner. Bientôt, je mène à nouveau une vie normale. Je ne suis plus jamais retourné chez ce médecin. Je lui dois cependant beaucoup plus que les honoraires que j'ai considérés, à l'époque, comme excessifs. Il m'a appris à me moquer de moi-même. Je crois d'ailleurs qu'il a donné la preuve de ses capacités professionnelles en s'abstenant de me rire au nez, et de me dire qu'en somme, je n'avais aucune raison de m'inquiéter. Il m'a pris au sérieux, et m'a ainsi permis de « sauver la face ». Il savait très bien, tout comme je le sais aujourd'hui, que la véritable cure ne consiste pas en l'absorption de ces petites pilules, mais en un changement radical de mon attitude mentale.

Une bonne marche au grand air

par le colonel Eddie Eagan, procureur général de l'Etat de New York, président du comité de l'Université de Rhodes, ancien champion olympique des poids mi-lourds

Lorsque je suis préoccupé, que je tourne mentalement en rond comme ces chameaux d'Egypte attelés à la roue de leur noria, j'ai recours à une bonne fatigue physique pour chasser mon « cafard ». Je fais un ou deux kilomètres de course à pied, j'entreprends une longue promenade à travers la campagne, ou je m'en vais au gymnase pour donner, pendant une heure, des coups de poing dans un sac de sable.
Quel que soit le moyen choisi, l'exercice physique m'éclaire singulièrement les idées. La fatigue physique permet à mon esprit de se reposer de son travail juridique, de sorte qu'en retournant au bureau, je peux m'attaquer aux problèmes judiciaires avec une énergie et une efficacité nouvelles.
A New York, je trouve souvent le temps d'interrompre mon travail pour passer une heure au gymnase. Personne ne peut se tourmenter en tapant sur un sac de sable ou en faisant du ski. Les obstacles mentaux formés par les

appréhensions deviennent alors de simples taupinières que de nouvelles pensées et de nouvelles actions aplanissent rapidement.

A mon avis, le meilleur antidote du stress est l'exercice physique. Dès que vous avez des ennuis, faites travailler davantage vos muscles et moins votre cerveau, le résultat vous étonnera. En ce qui me concerne, c'est automatique, les soucis disparaissent dès que l'exercice physique commence.

COMMENT DOMINER LE STRESS ET LES SOUCIS PAR DALE CARNEGIE

RÉSUMÉ

I. PRINCIPES FONDAMENTAUX POUR MIEUX DOMINER LE STRESS ET LES SOUCIS

Principe 1 : Vivez un jour à la fois.
Principe 2 : Dans les situations stressantes :
- a) Envisagez le pire
- b) Préparez-vous à accepter le pire
- c) Tirez parti du pire

Principe 3 : Rappelez-vous le prix exorbitant que le stress et les soucis peuvent coûter à votre santé.

II. ANALYSE SYSTÉMATIQUE DU STRESS

Principe 4 : Rassemblez tous les faits.
Principe 5 : Pesez tous les faits puis décidez.
Principe 6 : La décision prise, agissez !
Principe 7 : Notez vos réponses à ces 4 questions clés :
- a) Quel est le problème ?
- b) Quelles sont les causes du problème ?
- c) Quelles sont les solutions possibles ?
- d) Quelle est la meilleure solution ?

III. COMMENT BRISER LE STRESS AVANT QU'IL NE VOUS BRISE

Principe 8 : Occupez-vous constamment.
Principe 9 : Ne vous tracassez pas pour des bagatelles.
Principe 10 : Faites le calcul des probabilités pour gérer votre stress.
Principe 11 : Composez avec l'inévitable.
Principe 12 : Evaluez votre niveau maximum d'inquiétude pour une situation.
Principe 13 : Ne vous tracassez pas au sujet du passé.

IV. SEPT MOYENS DE VOUS FORGER UNE TOURNURE D'ESPRIT QUI APPORTE PAIX ET BONHEUR

Principe 14 : Emplissez-vous l'esprit de pensées de paix, de courage, de santé et d'espoir.
Principe 15 . N'essayez jamais de vous venger.
Principe 16 : Attendez-vous à l'ingratitude.
Principe 17 : Enumérez vos raisons d'être heureux et non vos malheurs.
Principe 18 : Soyez vous-même. N'imitez pas les autres.
Principe 19 : Tirez parti de vos épreuves.
Principe 20 : Créez du bonheur autour de vous.

V. LE MOYEN IDÉAL DE VAINCRE LES SOUCIS

Principe 21 : Priez.

VI. COMMENT GARDER VOTRE SÉRÉNITÉ MALGRÉ LES CRITIQUES

Principe 22 : Considérez qu'une critique injuste cache souvent un compliment.
Principe 23 : Faites vraiment de votre mieux.
Principe 24 : Analysez vos erreurs et faites votre auto-critique.

VII. SIX MOYENS D'ÉVITER LA FATIGUE ET LE STRESS, DE GARDER ÉNERGIE ET EFFICACITÉ

Principe 25 : Reposez-vous avant d'être fatigué.
Principe 26 : Apprenez à vous détendre au travail.
Principe 27 : Apprenez à vous détendre chez vous.
Principe 28 : Adoptez ces 4 bonnes habitudes :

a) Débarrassez votre bureau de tout ce qui ne concerne pas le travail en cours.

b) Exécutez vos tâches par ordre d'importance.

c) Résolvez un problème sur-le-champ si vous avez suffisamment d'éléments pour décider.

d) Apprenez à organiser, à déléguer et à exercer un contrôle positif.

Principe 29 : Mettez de l'enthousiasme dans votre travail.
Principe 30 : Ne redoutez pas l'insomnie.

Cet ouvrage a été imprimé
en novembre 2013 par

CPI
FIRMIN-DIDOT

27650 Mesnil-sur-l'Estrée
N° d'édition : L.01ELKNF8710.A006
N° d'impression : 120313
Dépôt légal : juillet 2013

Imprimé en France